ネコでもわかる手相術

伊藤 洋子 著

たちばな出版

ネコでもわかる手相術

はじめに

みなさん、はじめまして。

手相家の伊藤洋子です。

手相鑑定を始めて、今年でちょうど十年になりますが、今でもときどき、自分が手相家であることを不思議に思ったりするんです。

子供の頃から、イマジネーションの世界に憧れて、児童劇団に入って、中学生の頃から学業のかたわらに仕事もしていました。大学を卒業する頃にはそのまま職業となってTVコマーシャルやポスターなど、モデルの仕事をするようになっていたんです。その後もずっと、モデルの仕事を続けていましたが、途中からは、体力づくりとやせるために始めていたダンスの世界に夢中になって、毎日汗を流してレッスンする日々となり、ついに舞台に立って踊ったり、教えたりと、舞踊家活動にも入っていきました。のんびり屋の私を知っている友人たちは、「信じられない」と言って、驚いています。

この二つの仕事が、私の中でバランス良く保たれて、人生をあきることなく、楽しませてくれていました。自分でもそんな生活を気に入っていたんです。

それがある時、占い好きの友人に連れられて、手相鑑定を受けることになったのですが、手相のことなど全く知らなかった私は、ズバリ、ズバリと何でも当たってしまう鑑定のすごさに本当にびっくりしてしまいました。同時に手相のおもしろさ、すばらしさを知ってしまったんです。

好奇心の星、双子座生まれの私としては、これを見逃すわけがありません。早速、入門の扉を叩いたというわけです。

こうして、私の手相家としての道が新たにスタートしたのです。

自分でも思ってもみなかった方向へと進み出していました。

今では、

「二一才で大恋愛をしたでしょう?」

と占うと、

「すごい！　ぴったりです。どうしてわかるんですか？」

という具合です。

この本では、そのノウハウをみなさんにもわかりやすくお話ししてみたいと思います。

「どうも、いま一歩のところで恋がうまくいかない」

「いったい、素敵な彼はいつ現れるのかしら」

と思い悩んでいるあなた、ぜひ、読んでみてください。

手相はあなたに、幸せになるカギを教えてくれているんですから……。

ネコでもわかる手相術／目次

第一章　手相は未来予想図

第二章　恋愛と結婚を占う

第四章　個性と才能を生かして、開運

装幀　植草庄治
（エディデザイン室）

第一章　手相は未来予想図

手相語を覚えれば、未来の予定がわかる

みなさん、自分の未来が書き込まれている予定表があったら、ぜひ見てみたい！　と思いませんか？

「二三才、運命の恋人と出会う。

二四才、彼とますます燃え上がる。

二六才、結婚。以前からの夢を実現、転職してデザイナーとなる」

と、いうように。

「そりゃあ見てみたいけど、タイムマシンとか、未来の予定表なんて、ＳＦや漫画の中だけの話じゃない」

と思っているでしょう？

ところが、手相はちょうど、この未来の予定表みたいなものなんです。

あなたの手のひらには、

「二三才、運命の恋人と出会う。

二四才、彼とますます燃え上がる……。」

って、ちゃーんと書き込まれているんですよ！

ただ、日本語で書かれてるわけではないので、ちょっと勉強しないと読めないだけなのです。英語を覚えるように手相語を覚えれば、あなたもすぐに、この予定表が読めるようになるんです。

未来だけではありません。あなたの過去も、全て記録されています。ちょうど、日記みたいなものですね。

「十八才、大学受験に失敗。

十九才、大好きな彼に失恋。

二十才、恋はあきらめて、トライアスロンに挑戦！」

なんていうように、手のひらのシワに刻まれているんですよ。

ですから、初めて会った人でも、手相を見て、この手相語を解読すれば、

「あなたは、十九才のときに大失恋をしたでしょう？」

とぴたりと当てられるわけです。

「手相予定表」は変更可能

そうとわかったら、手相語を勉強して、自分の未来を知ってみたいと思いませんか？

誰だって、自分の人生がこれからどうなるのか、一番興味があることだと思います。

「私はいやだわ。だって、自分は三年後に病気になるとか、何才で死ぬなんて、わかってしまったらこわいもの」

という方もいらっしゃるかもしれません。

けれども、その心配はいりません。

手相に刻まれている未来は、「絶対そうなる」という予言ではないのです。あくまでも、「予定表」なのです。

例えば、学園祭を準備するのに、最初、準備委員会の人が二十人だったとします。そうしたら、二十人でできる予定を立てるでしょう。

ところが、突然、もう十人応援してくれる人が増えた。そうしたら、もっと早く進める予定に書き替えたり、もっと内容を盛り込んだりできますよね。

手相も同じなんです。

手相は、あなたの「今」の考え方、「今」の生活態度にしたがって、書き込まれます。だから、今、がんばりやさんの人だったら、すばらしい人に出会ったり、自分のやりたい仕事につけるような将来が、手相に刻まれます。

反対に、ちっとも努力しない人だったら、将来もいいことがないような手相になっています。

ですから、手相を見て、

「私って、ちっともいい線がないわ。将来も不幸なんだわ。おまけに三十才で大病をするなんて……」

と暗〜くなることはないのです。

ドラえもんだって、のび太くんを励まして、もっといい未来にするために、タイムマシンでやってきたのです。未来は、絶対変えられないものではないのですね。それなら、悪いことだって、事前に知ったほうがいいじゃありませんか。

手相を見て、

「このままだったら、あまり自分の将来はよくない」

とわかれば、よくなるように、今から変えていけるんですから。

逆に、どんないい手相の人でも、

「私は運がいいから、もう安心」

と怠けていたら、だんだん悪い手相に変わってしまうんですよ。

手相は心の状態をうつす鏡

実際、周囲の人を見ていても、手相はよく変わるんですよ。

何かショックな出来事があると、とたんに生命線が切れて、健康を害したりします。

それが立ち直ってくると、つややかなピンク色で、線もしっかりした明るい手相に戻ってきたり。不思議ですね。

手相は、心の状態をそのままうつし出す、鏡のようなものなんです。

鑑定をしていますと、高校生から上は六十代まで、いろいろな方がおみえになりますが、外見だけでは心の中まではわからないなあ、と最近つくづく思います。

例えば、高校生や二十代前半の若い人を、外見で見たら、とっても幸せそうに見えます。豊かで平和な時代に育てられて、スタイルもいいし、みんな美男美女でセンスもいい。何の苦労もなく、スクスクと育ったように思えます。

でも、手相を見ると、みんな、いろいろ悩んでいるのがわかります。

他人から見たら、

「食べるものにも不自由なくて、洋服もたくさん持っていて、海外旅行にも行けて、幸せじゃないの」

と思えても、本人が、精神的に苦しんでいたら、ちゃんと手相には出ています。

「そうか、この人も、いろんなことで悩んでるんだな」

とわかって、なんとか幸せになれるきっかけを作りたいと、私も一生懸命になります。

手相は、自分の心の満足度。有名なタレントさんで、大成功していても、本人が「私は幸せだ」と満足していなければ、大幸運の手相にはなりません。不幸な出来事があっても、ショックを小さく受けとめれば、大きな不幸の線は出ません。逆に小さいことでも、その人が大きなショックを受ければ、不幸な線も、くっきり出たりするのです。

こんなところも、「手相っておもしろい」と思うところです。

手相は手のひらの星占いだった！

手相をあまり知らない人でも、星占いはおなじみでしょう。牡羊座、牡牛座……という、あの星占いです。この星占いと手相が深く関係しているって、ご存じですか⁉

星占いは、普通、簡単に十二種類の星座にわけられています。その人が生まれた日の星の配置を書き込んだ「ホロスコープ」で見ると、もっと詳しく運勢がわかるんですね。生まれたときに、太陽はどの位置にあったか。木星や金星はどこにあったか。その位置や角度で、その人の運命を占うのが星占いです。

みなさん、どうして、生まれたときの星の角度なんかで、その人の運命がわかるんだと思いますか？

実は、夜空に輝く星からはそれぞれ、その星の波動が送られてきているのです。太陽からは太陽の波動が、木星からは木星の波動が、金星からは金星の波動が、降りそそいでいるのです。

星の波動には、それぞれ意味があります。星によって、そのパワーの種類に違いがあるのです。向上心パワーを持った星もありますし、忍耐力パワーを持った星もある、というふうになっています。

そこで、生まれたときに、どんな星の波動をどの角度で受けとったかを見れば、その人の性格や運勢までわかってしまうのです。向上心パワーの星の影響がこれくらい、忍耐力パワーの星の影響がこれくらい、というふうに。これが、星座占いなんですね。

そして、なんと手相には、みなさんが、どの星のパワーをどれくらい受けているかが、はっきりと印されているのです。

ちょっと、自分の手を広げて見てください。親指のつけ根のところが盛りあがったり、薬指の下がふっくらと盛りあがったりしていませんか？　これは、手相では「丘」と呼ばれます。図を見てください。それぞれの丘は、こういう名前で呼ばれています。

例えば、人差指の下は木星丘。木星丘には、木星から送られてくる波動が入ります。木星からの幸運パワーをためておくための、貯金箱を持っているのです。木星パワーをたくさん受けられる人です。

けれども、あまりふくらんでいなくても、がっかりしないでください。

星の波動は、いつも毎日降りそそいでいるんですから。自分で、星の波動をたくさん受けるようにがんばればいいんです。そうすると、丘の上に縦の線が出てきます。

持って生まれた丘のふくらみは、あまり変わらないのですが、努力によって、丘の上の線が現れたり消えたり。あなたが、星のパワーをたくさん受けているときには、丘の上に線が現れ、パワー不足だと線も消えてしまうのです。

そこで、次に、それぞれの丘にはどんな意味があるのか、ご説明しましょう。

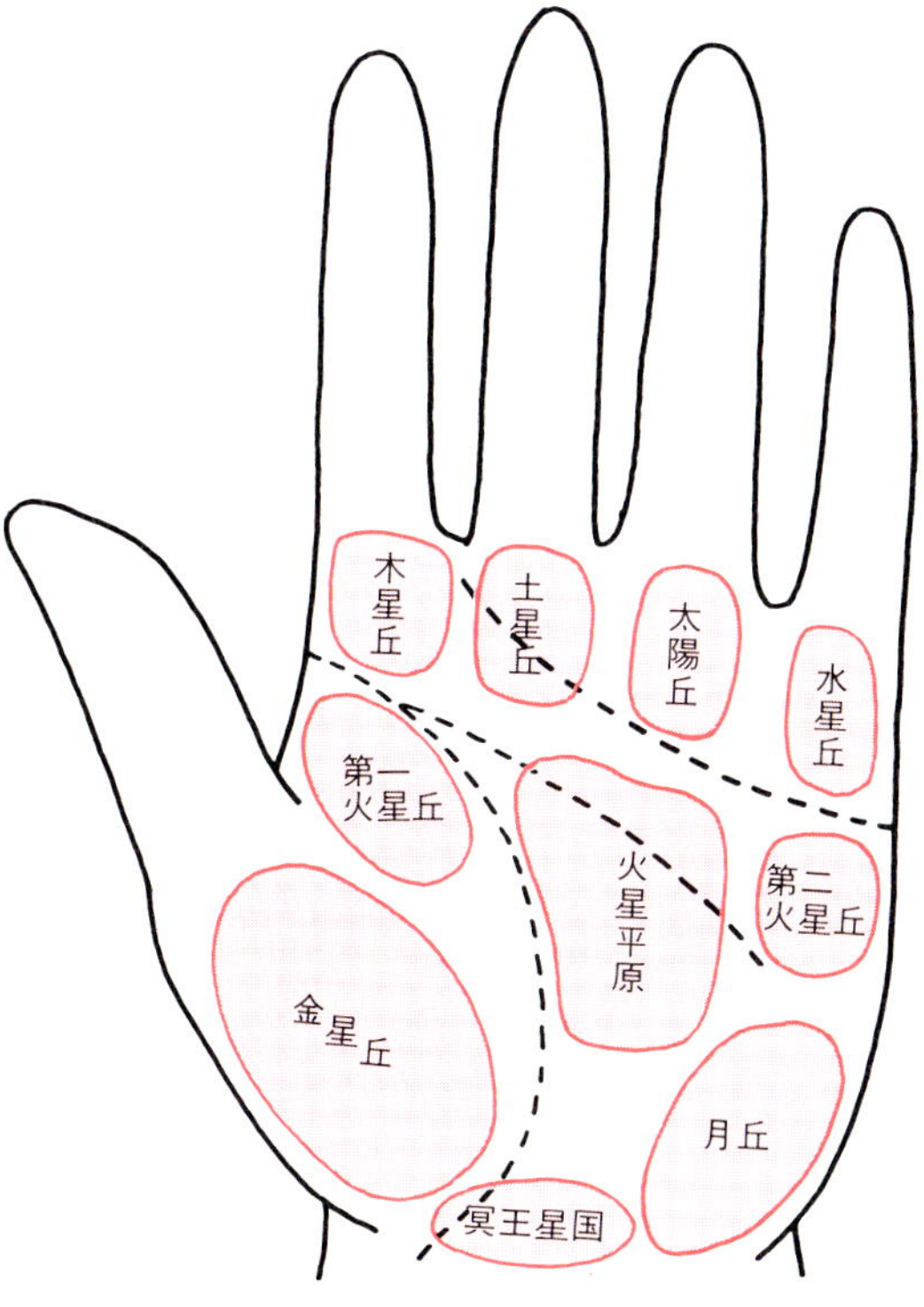
木星丘
土星丘
太陽丘
水星丘
第一火星丘
火星平原
第二火星丘
金星丘
月丘
冥王星国

木星丘は向上心と希望の星パワー

人差指の下の木星丘がふっくらと盛り上がっている人、またはこの丘に縦線がある人は、とってもがんばりやさん。目標に向かって、一生懸命努力するタイプですね。途中で投げ出したり、あきらめたりせずに、粘りづよく物事をやりとげます。自然と、みんなを引っぱっていくリーダーになるでしょう。

木星丘がふくらんでいなくて、縦線もない人は、木星パワーが不足ぎみ。やり始めたのはいいけれど、すぐにあきて途中でほっぽり出してしまったり、やりたいことがあっても、それに向かって努力する、という根性がないのではありませんか?

それでは、いつまでたっても、目標到達は無理。何度もダイエット宣言しては挫折している人は、きっと木星丘がぺちゃんこかもしれませんね。

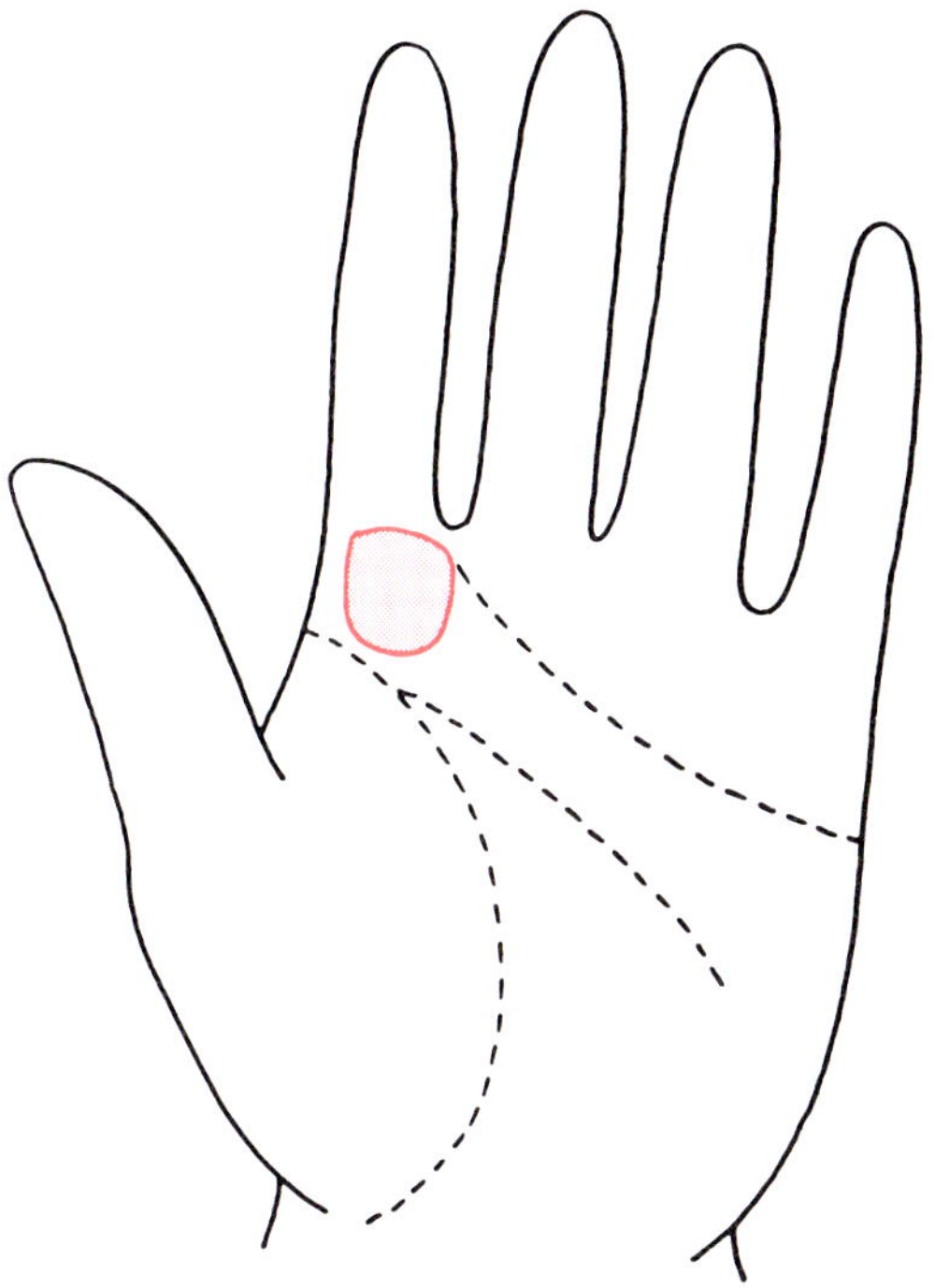

土星丘は考え深い、持久走パワー

中指の下の土星丘がふっくらしている人、または縦線がある人は、耐える人です。いやなことがあっても「我慢、我慢」。

長くて苦しいマラソンを走り通すタイプ。まじめなんですね。

何かする前には、よく考えるほうで、何事にもうっかりミスは少ないでしょう。

信仰心のある人も多いです。

土星丘がふくらんでいない、縦線がない人は、消極的で何でも悪い方へ、悪い方へと考えます。辛いことを耐えるのは苦手。

自分勝手で冷たく、友達といるより、ひとりでいる方が好きという暗い感じの人もいます。

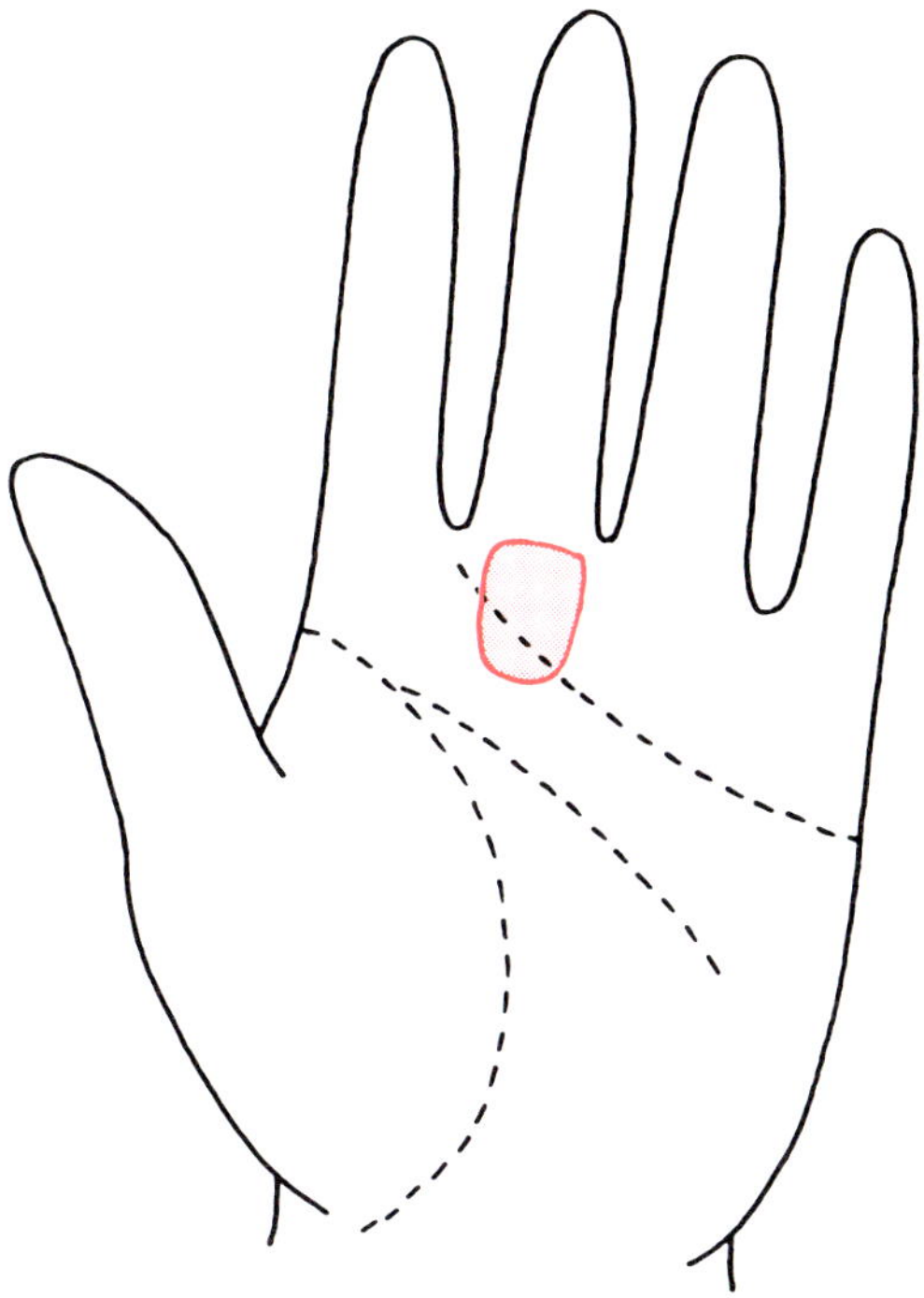

太陽丘は大成功・金運パワー

薬指の下の太陽丘がふくらんでいる人、または縦線がある人は、強い運を持っています。

音楽とか、絵とか、文章とか、芸術的な才能がありますね！　新しいものを作り出していく人でしょう。

その上、みんなから好かれる人気者なので、社会に出ても成功して、お金持ちの有名人になれるかも！

反対に、太陽丘がふくらんでいない、縦線もないという人は、人気がありません。お山の大将のように威張っているけど、信用がなかったり、ぜいたく好きだけど、ちっともお金が貯まらなかったり。暗くて冷たい感じの人もいますね。

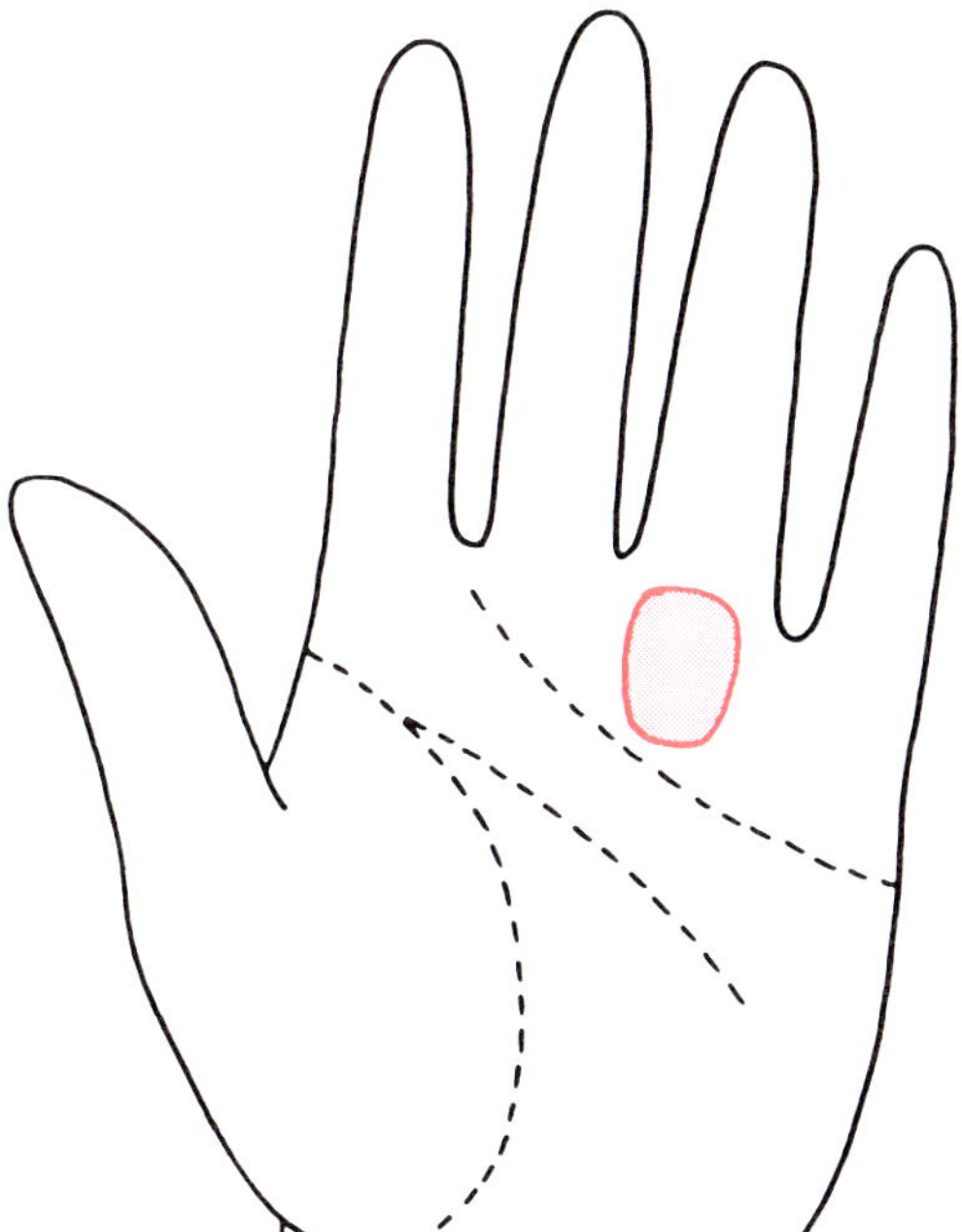

水星丘は知性と商売人パワー

小指の下の水星丘がふくらんでいる人、または縦線がある人は、とっても頭の回転の早い人です。何でも物事をパッ！　と理解して、パパパッ！　と正しい判断をくだす有能な人。みんなが考えつかないような、ひらめきを持っている、アイデアマンなんです。その上、おしゃべりも上手で、ついついみんながのせられてしまう。人をほめたり、お世辞も上手なんですね。

こんな性格ですから、商売をやれば大成功。商売人タイプでしょう。言葉が上手なのですから、文章の才能もありますよ。

水星丘がふくらんでいない人、縦線がない人は、言葉使いがちょっと下手みたい。悪気はなくても、友達を怒らせてしまうことが、あるんじゃないかしら？

判断力と工夫に欠けるので、あと一歩、というところで物事が駄目になりがちです。気をつけましょう。

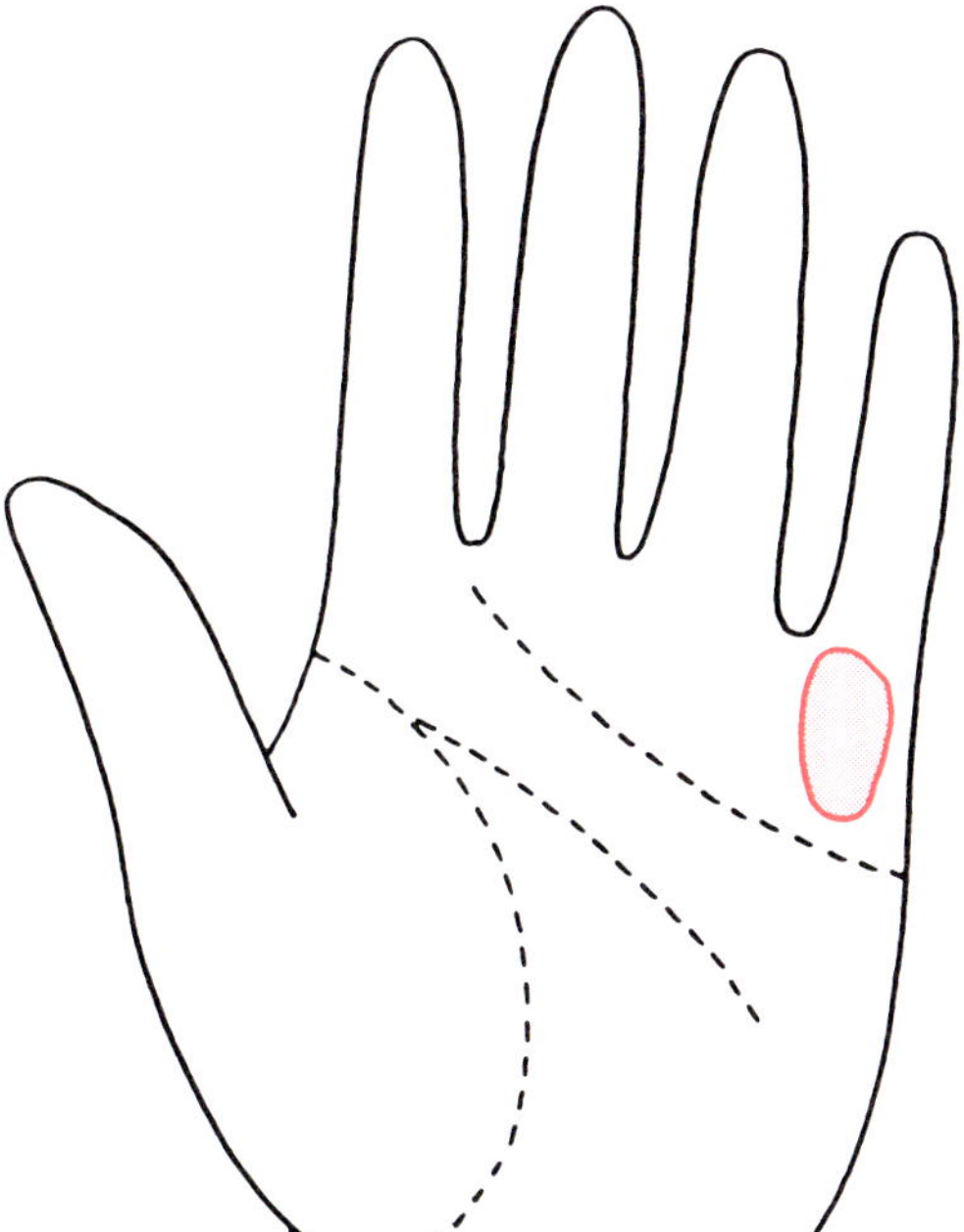

金星丘は愛と美のパワー

親指のところのふくらみが金星丘。他の丘は、横線はないほうがいいのですが、この金星丘だけは、横線にもいい意味があります。

金星丘が大きく豊かな人、または縦横に格子状になった線がたくさんある人は、愛情豊かで芸術を愛する人です。

あなた自身、愛情にあふれるやさしい人で、彼氏ができたら、自分の気持ちをとっても豊かに表現するんじゃないかしら。恋愛も多いほうでしょう。

きれいなお花を見て楽しんだり、動物をかわいがったり、そんな人が多いようです。

健康的なお色気にあふれ、美的センスも抜群。金星といえばビーナス。英語では「ビーナスの丘」というだけあって、ビーナスのように、愛と美を大切にする人なんですね。

金星丘が小さかったり、縦横の線が少ない人は、愛情不足。体もひ弱で、ボッーと無気力になっていませんか？　体力がないので、根気も続かないようです。

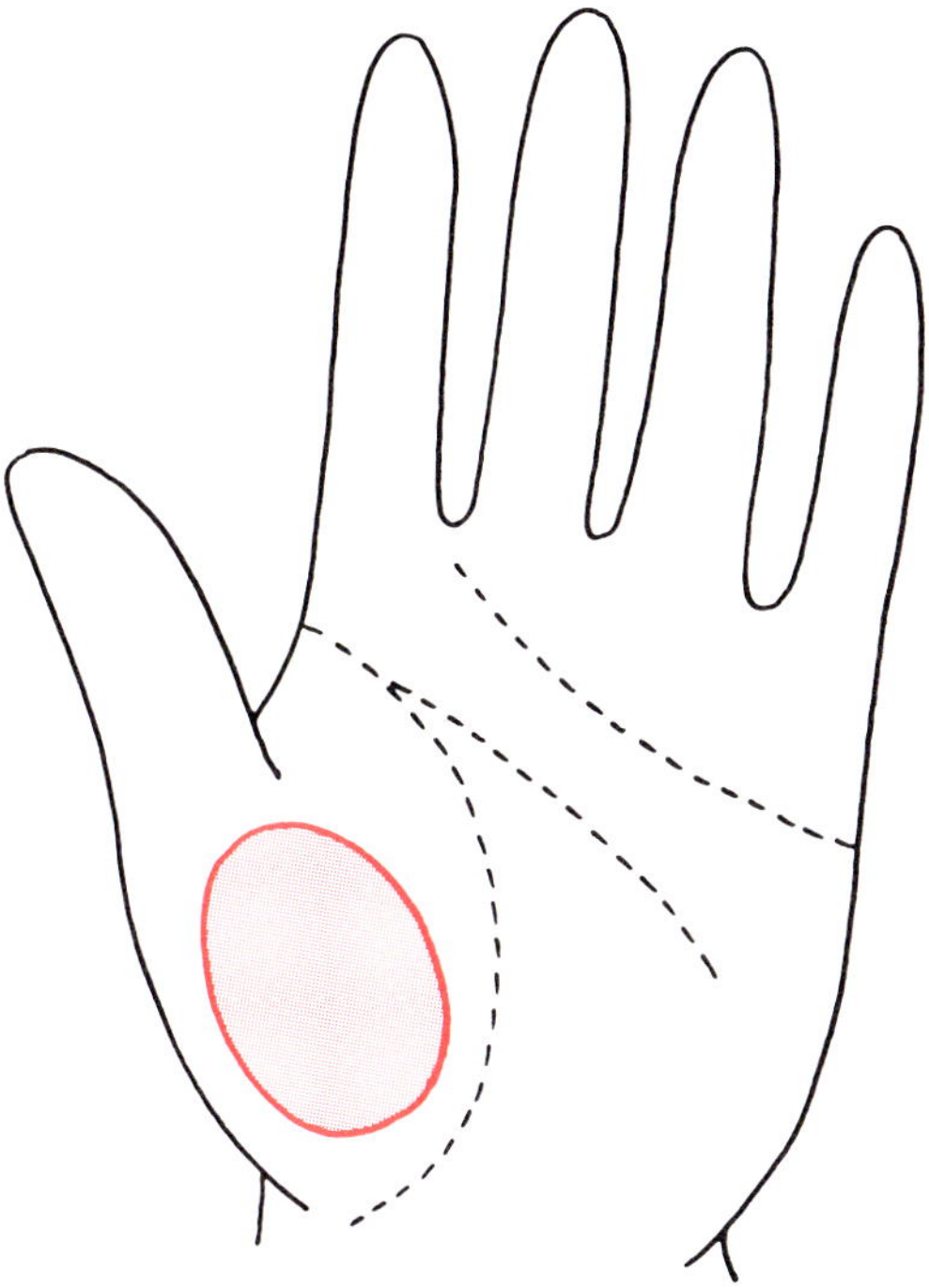

月丘は夢とロマンと不思議パワー

小指側の月丘が豊かで大きい人、または縦線がある人は、想像力のたくましい人ですね。

「月の上って、ホントにウサギが住んでいるのかなあ」

なんて考え始めたら、一時間でも二時間でもロマンチックな空想をくり広げられるでしょう。

突然、ピンとひらめいてしまったり、霊感がある人も多いようです。

人気もあって、自然とみんながあなたのことを助けて、親切にしてくれますよ。

月丘が小さかったり、縦線が全然ない人は、現実的。

「こんなふうになったらいいなあ」

と想像を広げることがないので、いいアイデアがわきません。もうちょっとロマンチックな部分もあったほうが人気が出るみたいですね。

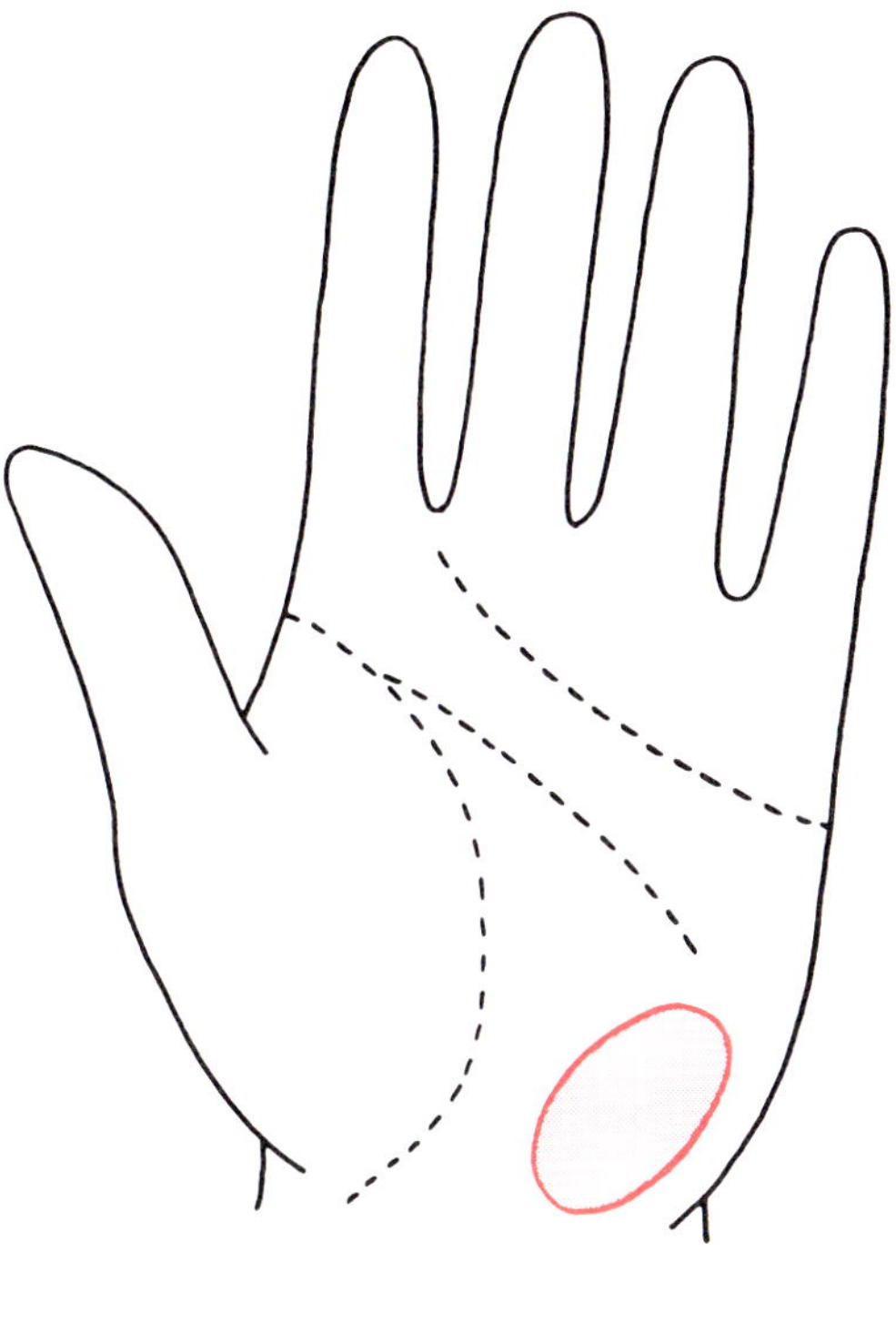

火星丘はエネルギッシュパワー

火星丘は、第一、第二火星丘に分かれ、そのあいだは火星平原と呼ばれます。ここが盛りあがっている人、または線が多い人は、すごく情熱的。いつも何かに燃えていて、積極的にチャレンジする人ですね。ひとつところにジッとしていられないタイプ。障害があっても乗り越えて、競争にも勝ち抜いて、どんな世界でも生き抜いていくガッツがあります。

勝負ごとが、好きみたい。ライバルがいると、よけい燃えてしまうのでしょう。

反対に、火星丘や火星平原が、盛りあがっていなかったり、線もなく、なんとなくさみしい感じの人は、エネルギー不足。すぐそこにチャンスがあるのに、「どうせダメだよ……」と消極的で、挑戦してもみないであきらめてしまいます。

そんなことじゃあ、活気がなくて年寄りくさくなってしまいますよ！　もっとバリバリいきましょう。

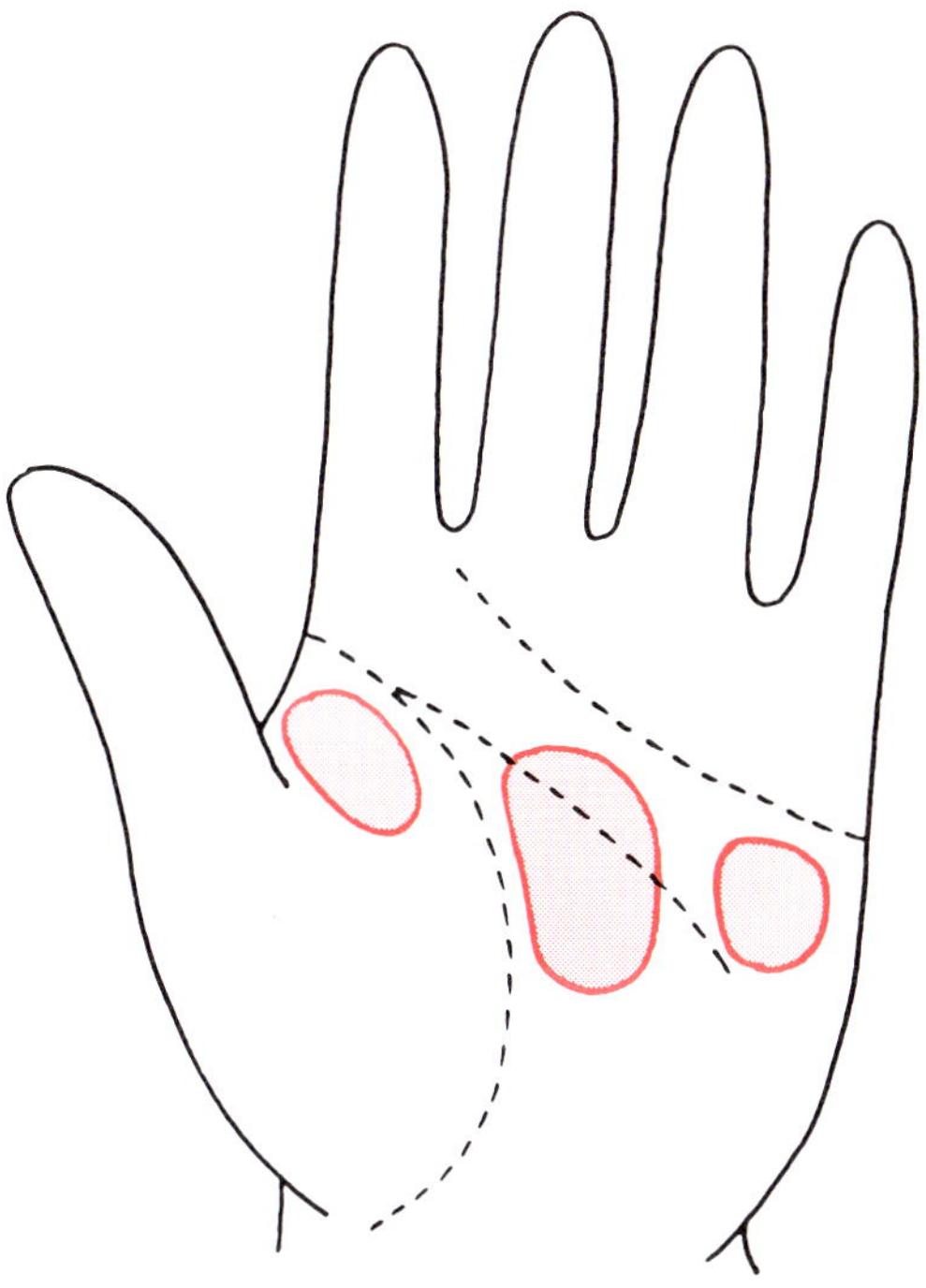

冥王星国は死と再生のパワー

ここは丘ではなく、冥王星国と呼びます。冥王星国が豊かで縦線が入っている人は、「七転び八起き」の人。失敗しても、失敗しても、くじけずにやり直します。失敗してもあきらめなければ、いつかは成功するもの。まわりの人に「絶対無理だよ」と言われたような難しいことも、いつかやりとげてしまいます。

反対に、冥王星国がひっこんでいたり、線が全然ない人は、一度失敗すると、すぐ懲《こ》りてしまう人。

恋愛でも、押しが弱くて、向こうにその気がなさそうだったら、すぐあきらめてしまうでしょう。勇気がなくて、ちょっと憶病な人みたいですね。

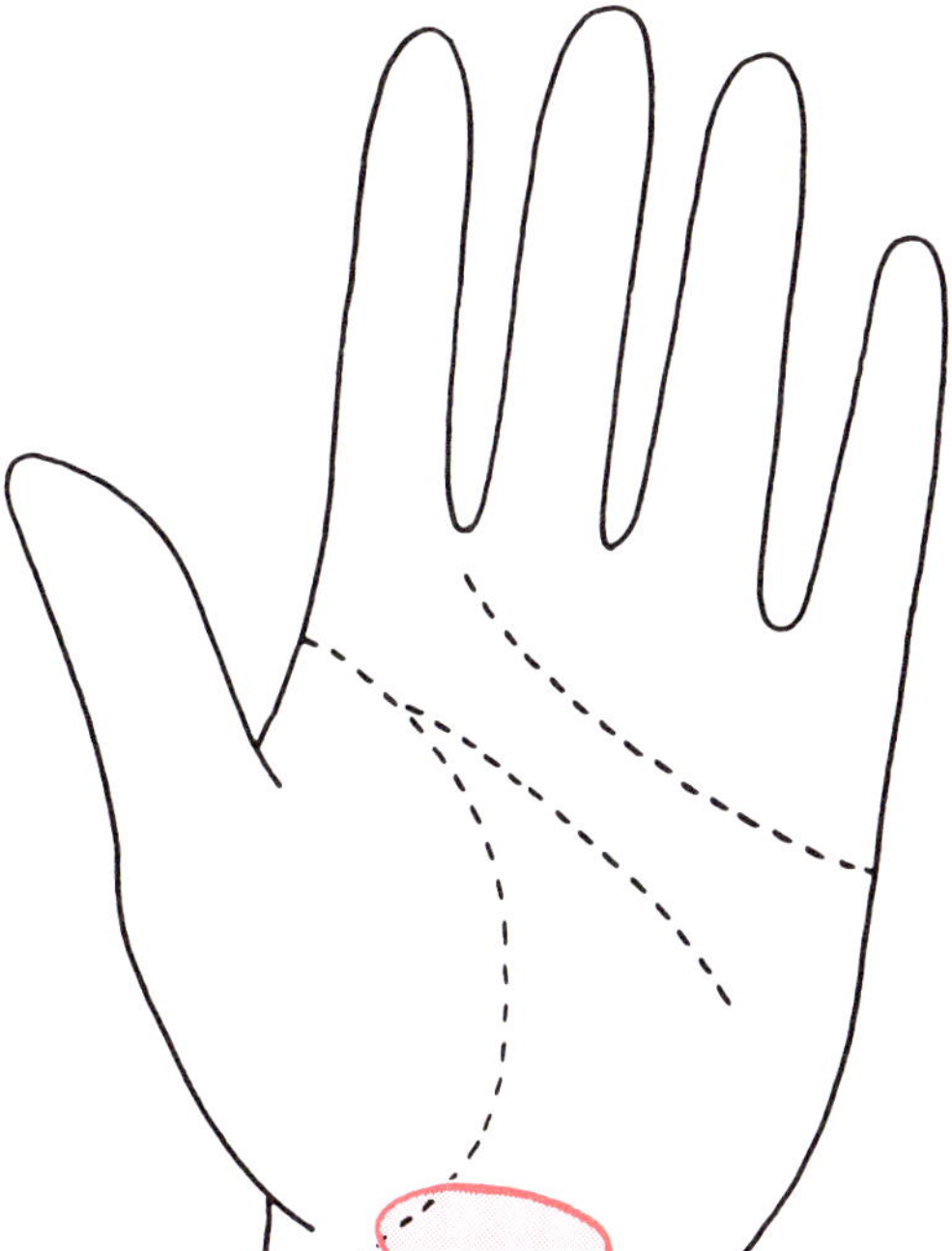

星のパワーをたくさん受けるコツは？

さぁ、いかがでしたか？　まだ丘の説明だけですが、自分の手を見ると、けっこう当たっていませんでしたか？

星座は、生まれたときに受けた星パワーの様子しかわかりませんが、手相は、その後、あなたが努力して運命を変えてきたところまでわかるんですから、便利ですね。

それに、これからどうやって変えていけば運がよくなるかも、わかるでしょう？

「私は、木星丘が盛りあがってなくて、向上心がないんだわ」

とわかったら、何かひとつ目標を決めてがんばってみたらどうでしょう。

そのうちに、きっと木星丘に縦線が出てきます。それは、あなたが木星からのパワーを受け始めた、ということなのです。同時に、他にもいい線が出てくるはずです。

それから、星のパワーを、自分で意識的に受けることもできます。

例えば、あなたが、

「太陽のパワーを受けて、明るい人気者になりたい！　芸術的才能もほしいんだ！」

と思ったら、太陽のパワーをどんどん浴びましょう。

単に日なたぼっこを勧めているわけではありません。もちろん、日なたぼっこも楽しいですし、体にも心にもいいと思います。でも、

「星パワーを受けよう！」

というあなただったら、ただ日なたぼっこするのではなくて、

「太陽パワーを受けるぞ！」

という気持ちで受けてほしいのです。

「太陽には、幸運の波動があるんだ。あの太陽から、大ラッキーのパワーが降りそそいでいるんだ。この波動を吸収して、幸せになるんだ！」

と信じて受けるのです。

星のパワーは、いつも地球上に降りそそいでいます。太陽の波動は、昼間だけではなく、夜も雨の日もきています。昼間は見えない星も、波動はちゃんときています。

ですから、いつもそのことを感じるようにしていると、何も意識していなかったとき

より何倍も、星のパワーをもらえるのです。そうすれば、当然手相だって変わってきます。

運勢をよりよくするために手相を見よう！

運命とか未来は、変えられるもの。変えられなければ、手相なんて見る意味がありません。

自分の性格や運勢の長所がわかれば、

「ここを伸ばしていけば、もっとラッキーになれるな」

とわかります。

欠点がわかれば、

「ここを直せば、もっとラッキーになれるな」

とわかります。

どっちみちラッキーになれるという、調子のいい話です。

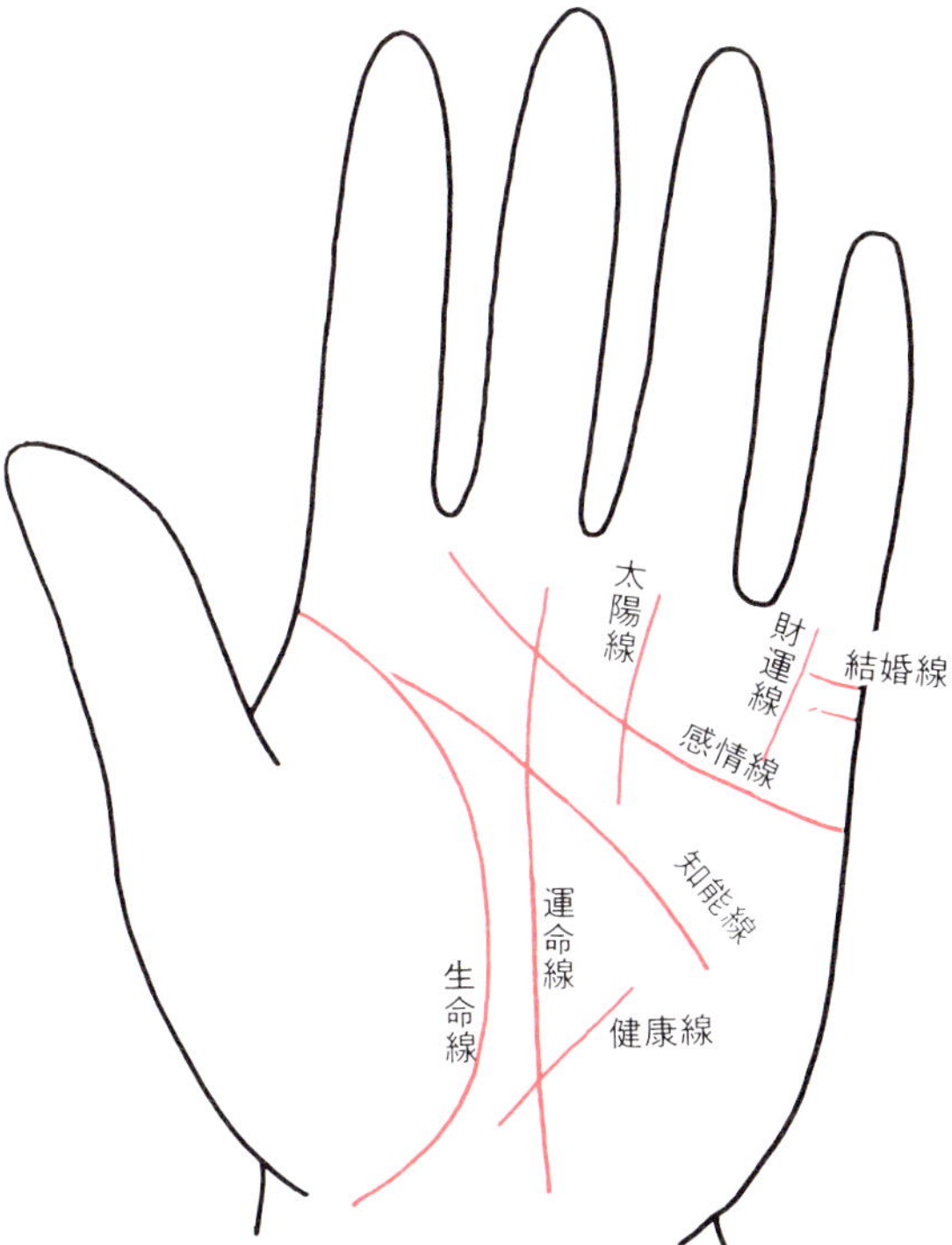
太陽線
財運線
結婚線
感情線
知能線
運命線
生命線
健康線

この本では、どこをどう直して解決していくか、あなたの幸せを探して、できるだけ具体的にアドバイスしていくつもりです。

その前に、手相の基本線と、年齢を見る流年法など、基礎知識をご紹介しておきましょう。

まず、手相は、右手と左手、両方で見てください。

おおざっぱにいえば、その人が持って生まれた運命や精神的な変化は、左手に現れます。

その人自身がどんな人生を今まで生きてきたか、その足跡や具体的な現実世界の出来事は、右手に現れることが多いです。

先に説明した丘や、線や、手の色つや、大きさ、指の長さなど、手相は総合判断です。ひとつのことだけで決めつけずに、いろいろなところを観察してくださいね。

生命線には、あなたの一生が刻まれる

火星丘から、下の方へ向かう線が、「生命線」。手相の線というのは、基本的に、エネルギーの量、エネルギーの流れだと考えてください。

だから、線が太い人は、エネルギーをたくさん持っている人。線が弱々しくて細い人は、あんまりエネルギーがない人。

生命線は、あなたの一生のエネルギーを表す線です。人生の始まりから終わりまで、全てが、この一本の線に刻まれるのです。

健康のこともわかりますし、恋愛のこともわかります。いつ頃、あなたが開運してラッキーになるか、その時期もわかります。

生命線の位置で、何歳、という年齢もわかるんです。年齢の見方は、後で説明しましょう。

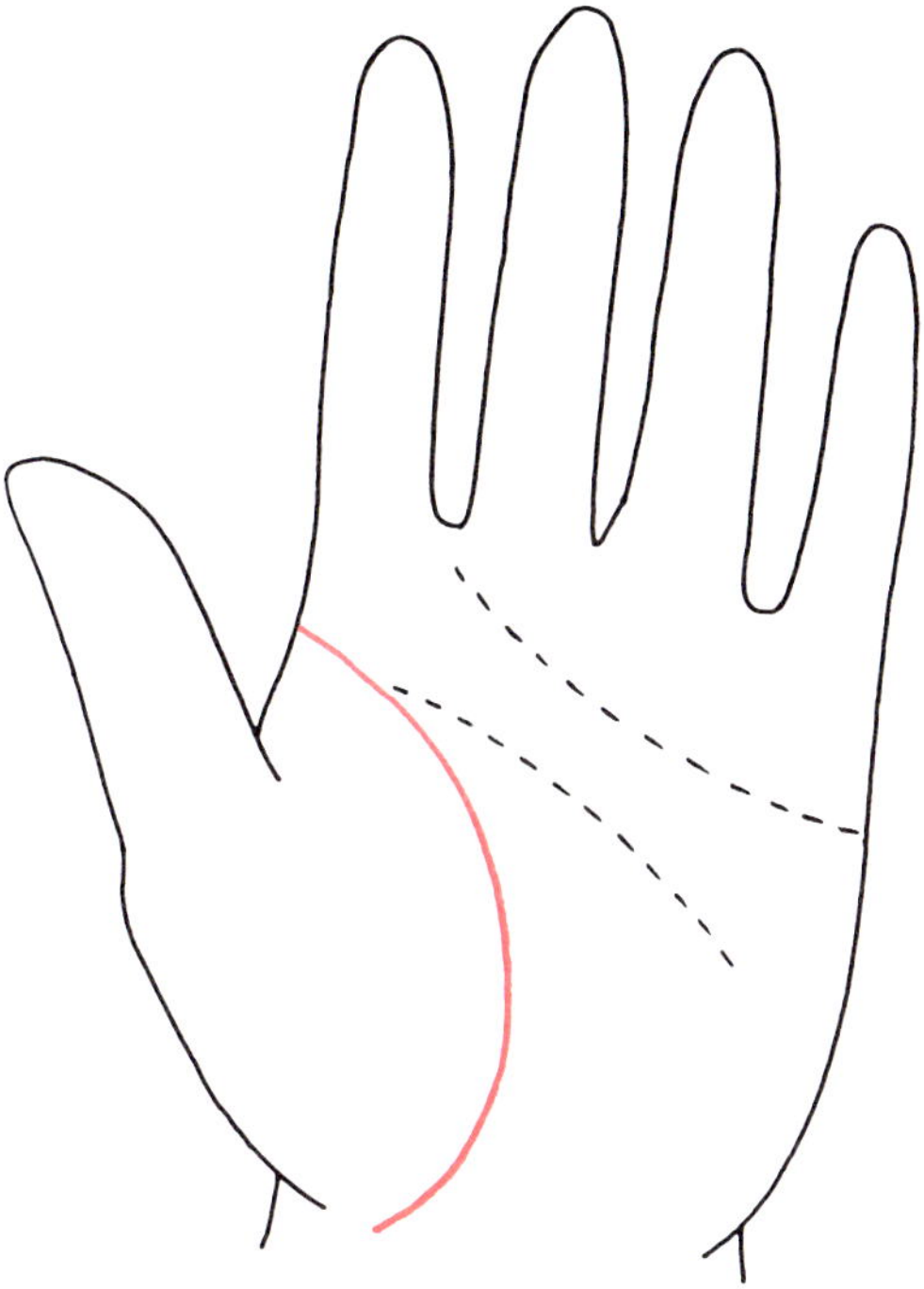

知能線は才能と知恵を見る線

火星丘から始まる、生命線より上にある線です。

「知能線」という名前のとおり、その人がどんな知的能力を持っているかがわかります。ですから、自分がどんな職業に向いているか、どんな仕事をすると才能を発揮できるかは、知能線を中心に見るとよいでしょう。

生命線のところでお話ししたように、線はエネルギーを表します。知能線が太くて強い人は、知的能力のエネルギーがたくさんあるということですね。

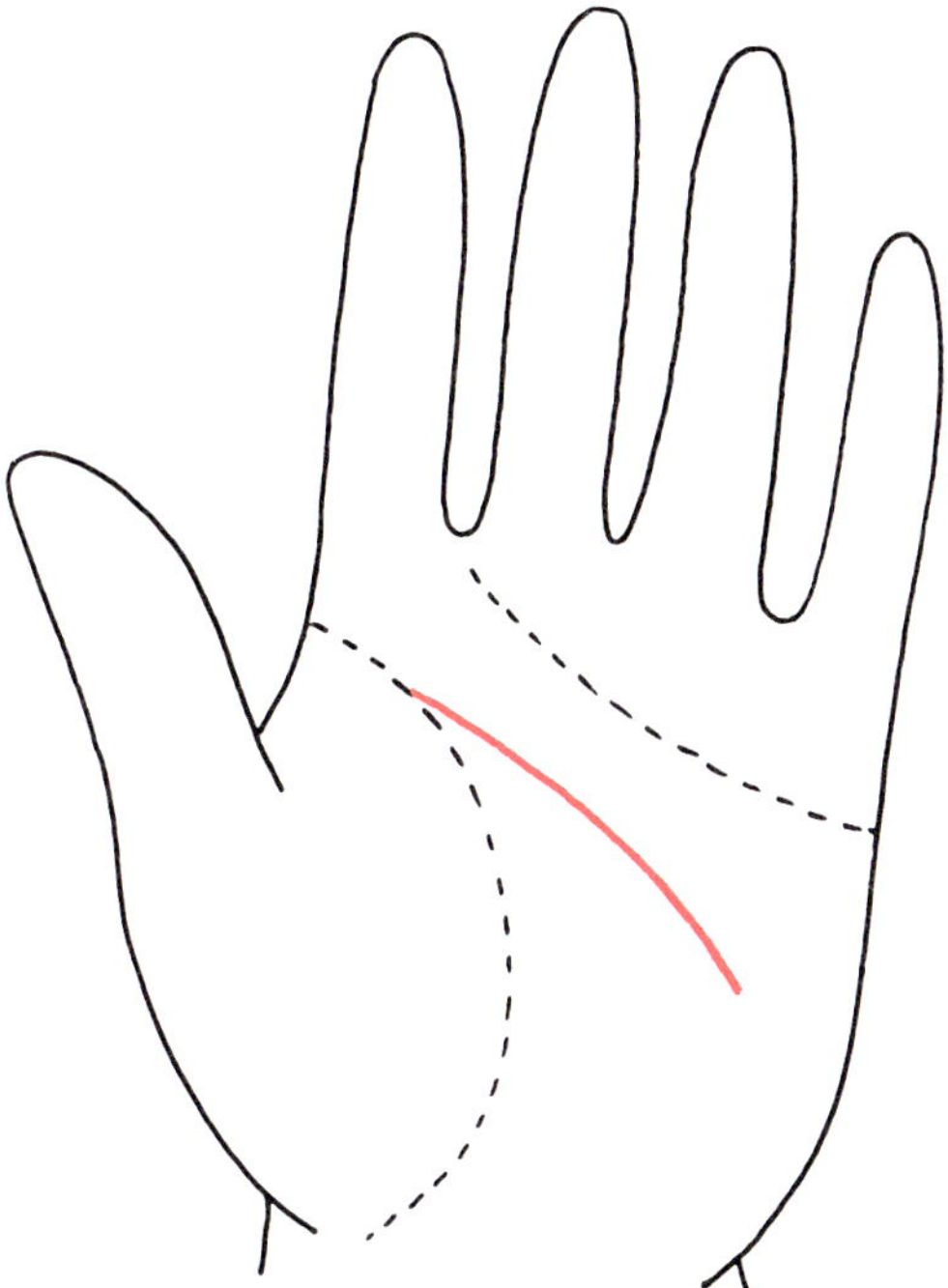

感情線は感情、愛情のタイプを見る線

「感情線」は、第二火星丘から始まって横に伸びる線です。

その人が、どんな感情の持ち主かがわかります。激しいとか、おだやかとか、クールとかですね。

一見、そうは見えなくても、本当はどんな性格かがわかってしまうのです。

感情がどんなタイプか知れば、どんな恋愛をするかもわかります。

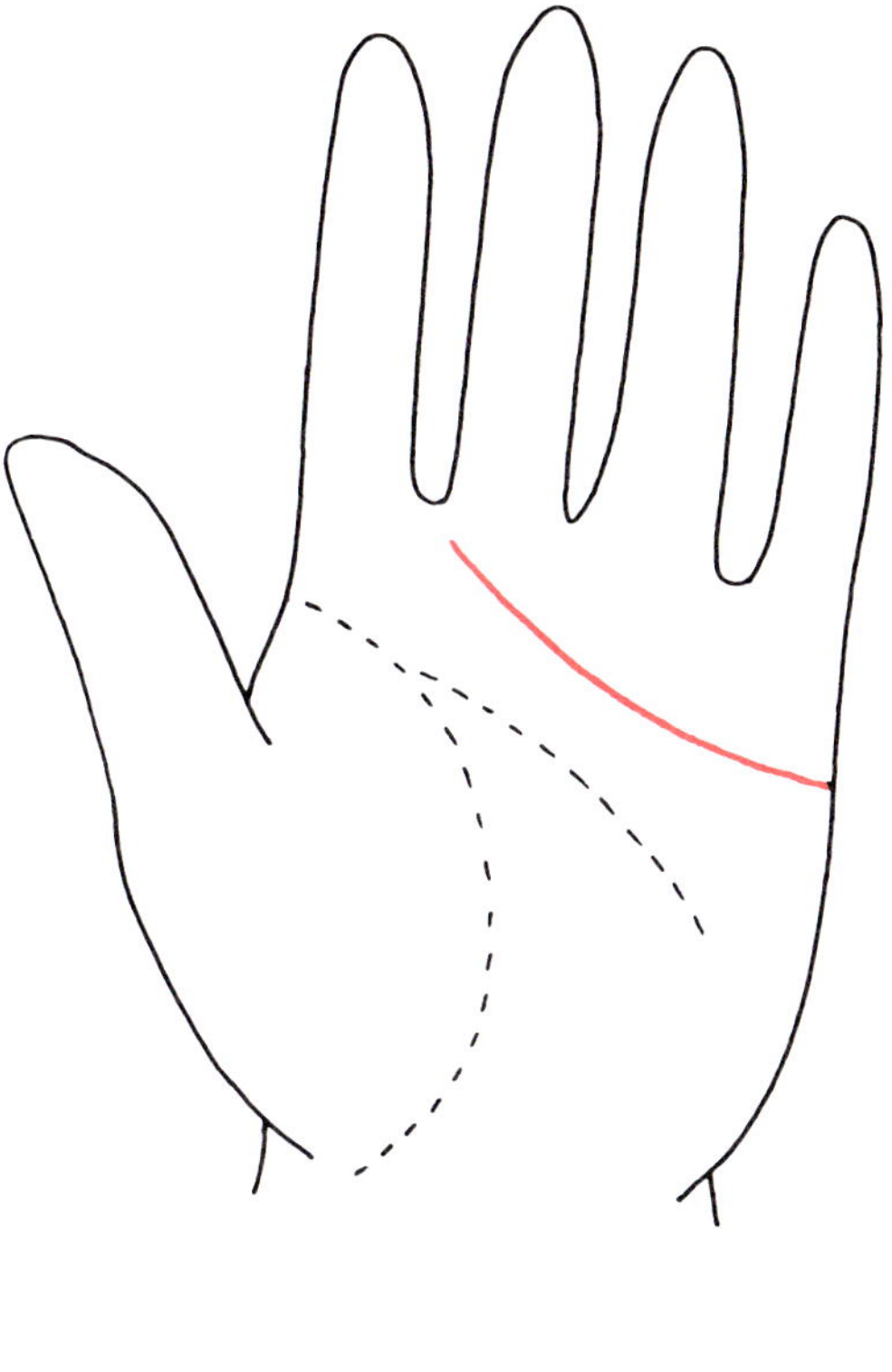

マスカケ線

「私の手には、太い線が二本しかないわ」

という方。

それは、「マスカケ線」と呼ばれる手相です。知能線と感情線がつながって、手のひらをまっすぐ横につっきっています。

このマスカケ線を持っているのは、一〇〇人に二、三人。とっても強い運を持つ相なんですよ。豊臣秀吉も徳川家康もナポレオンも、マスカケ線だったそうですから。

でも、この線を持っているからといって、安心して努力しなければ、やっぱり駄目。他のいい線と同じです。

けれども、うまくいったときには、天下を取るくらい、大成功できるってことですね。

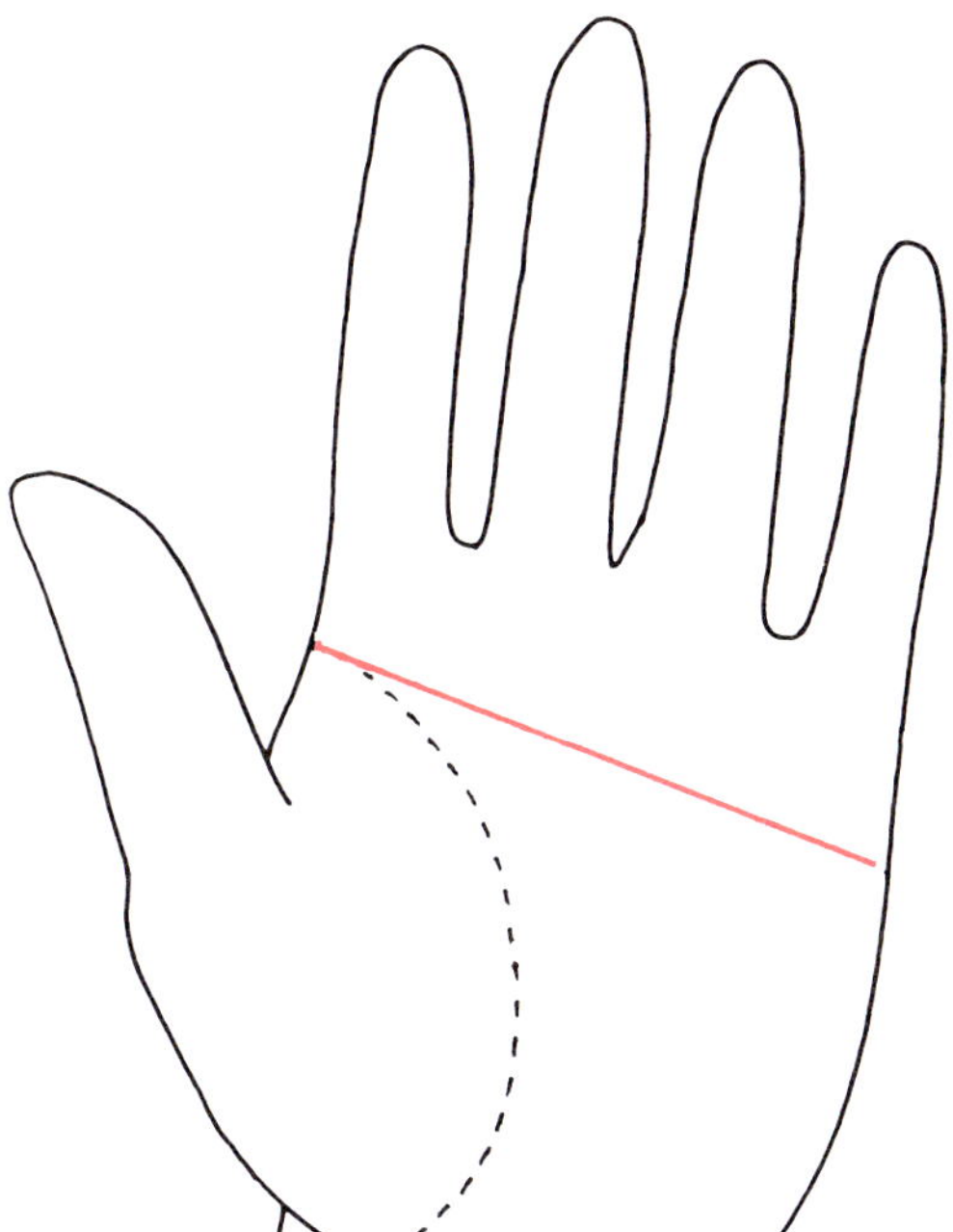

運命線で何がもとで幸運になるかを知る

中指のつけ根の、土星丘に向かって上っていく縦線は全て、「運命線」です。

土星丘は、忍耐や努力を表す丘でしたね。この土星丘に向かって流れていくエネルギーですから、その人が、目的達成のためにどんなことをどれくらいしたかが、わかる線なのです。

運命線が出ていない人もいます。そういう人は、まだまだ努力がたりない！　がんばれば、きっと出てきますよ。

出発点は、いろいろあります。出発点によって七タイプに分けて、簡単にその意味を説明しましょう。

Aタイプ　金星丘から出発している運命線

金星丘は、身内とか家族の意味を持っています。家族の助けがあって、いいことがあるようです。

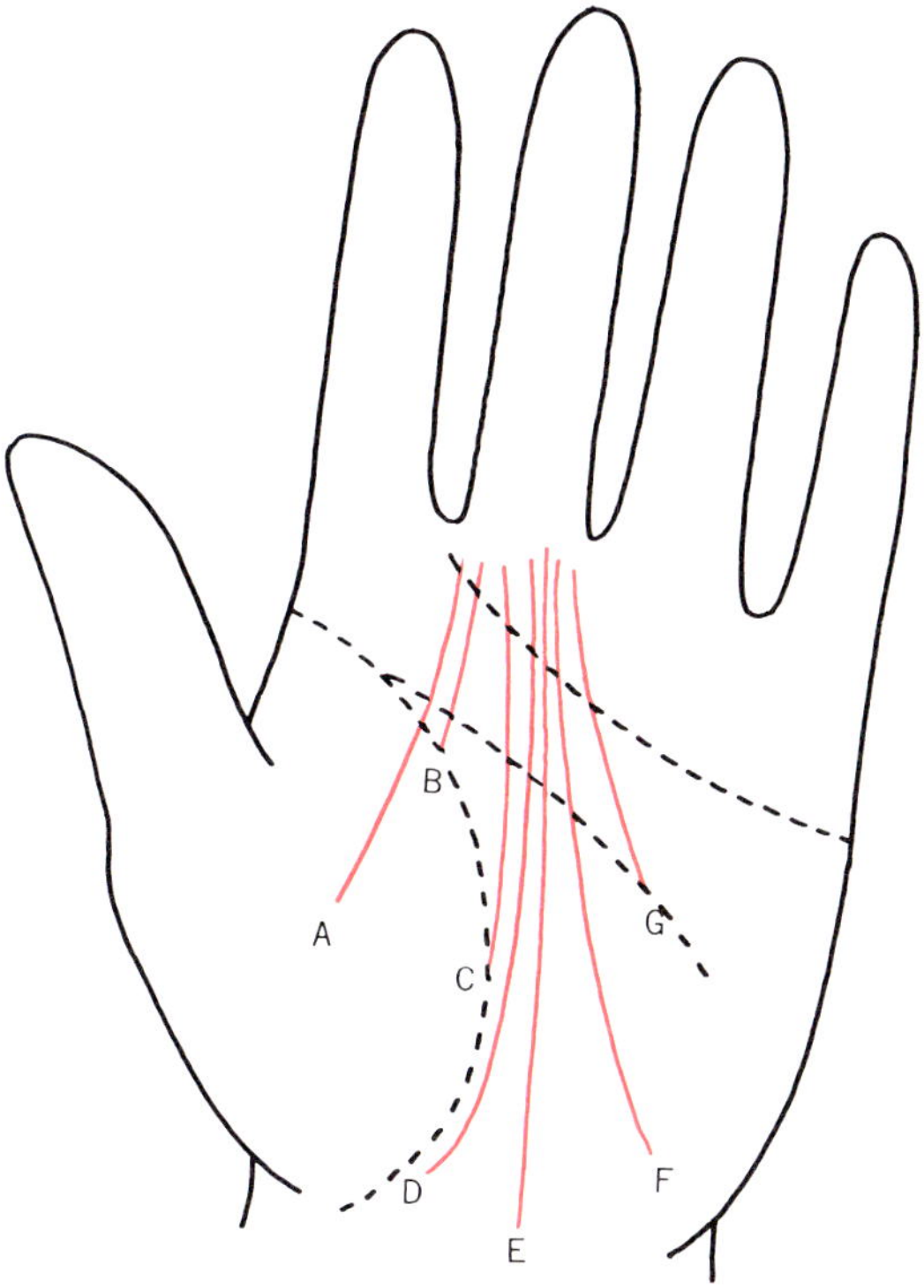
A
B
C
D
E
F
G

Bタイプ　生命線から出発している運命線

生命線は、あなたの生きるエネルギーが走っている線でした。生命線の、何才のところから上っているか、後で、流年法を使って調べてください。

その年に、あなたのそれまでの努力が実って、目標達成へ向かうという意味です。

Cタイプ　生命線下のほうから出発する運命線

あなたは、とても肉体的に健康で、エネルギッシュな人でしょう。その体を資本にして努力を続け、開運するタイプです。

Dタイプ　金星丘側から出発する運命線

金星丘の中から上っている運命線と、似た意味があります。身内や家族の影響を強く受けて目標達成に向かう運命です。

Eタイプ　冥王星国から出発する運命線

冥王星国は、失敗しても失敗してもやり抜く、という意味を持った場所でした。ここから始まって土星丘に向かうのですから、ものすごいがんばりや。絶対成功する強い運勢の持ち主。

Ｆタイプ　月丘から出発する運命線

月丘は、人気を表す丘。他人に助けられたり、目上の人にかわいがってもらったりして、どんどん運をよくしていくタイプです。

Ｇタイプ　知能線から出発する運命線

知識やアイデア、頭のよさなど、知的能力を売り物にして、成功していく人です。

太陽線の始まる場所で成功のタイプがわかる

「太陽線」は薬指のつけ根、太陽丘に向かって上る縦線です。

太陽丘は、人気や成功を表す丘でしたね。ここに向かうのですから、あなたがどんなふうに成功していくか、そのタイプがわかります。金運もここで見ます。

太陽線が出ていない人もいます。でも、出ていないからといって、不運というわけではありません。

前にお話ししたように、手相は、心の満足度。本人が、「大成功だ！」と思えば太陽線もくっきり出ますが、「まだまだ」と思っていれば、出ません。

太陽線も、運命線と同じように、出発点によって、少し意味に違いがあります。

Hタイプ 生命線から出発する太陽線

生命線の、その年齢のときに、ガーッといいことが起こって、幸せになる相ですね。

Iタイプ 火星平原から出発する太陽線

手のひらの真ん中から上っている太陽線。ライバルとの争いにも負けずに、情熱を持って挑戦していき、いつか成功するタイプです。

Jタイプ 運命線から出発する太陽線

運命線は、努力の線。そこから枝分かれして成功の太陽丘に上るのですから、本当にラッキーです。運命線にも、年齢を見る流年法がありますので、枝分かれしている場所の年齢を調べてみてください。

Kタイプ 月丘から出発する太陽線

他人から助けられたり、目上の人に引き立てられたりして、幸せになっていくタイプです。

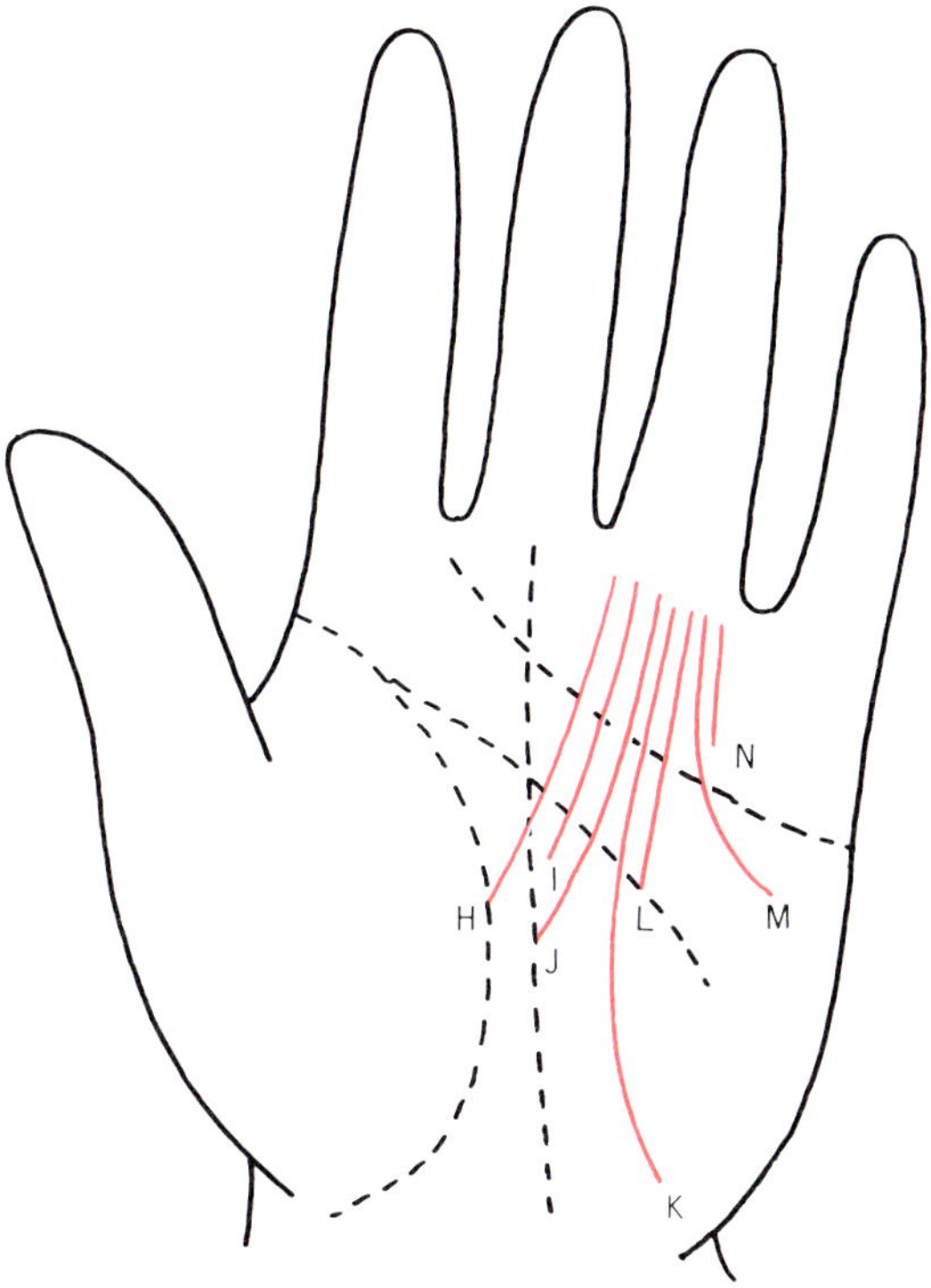
N
H
I
J
L
M
K

Lタイプ　知能線から出発する太陽線

知識やアイデアなど、知的能力をもとに、成功します。

Mタイプ　第二火星丘から出発する太陽線

第二火星丘は、ねばり強さ、意志の強さなどを表す丘。コツコツと、一生懸命がんばることで、周囲の信頼を得て、開運します。

Nタイプ　太陽丘の上にある太陽線

本人の努力で出てきた太陽線です。その努力のエネルギー量に応じて、成功の量も決まるでしょう。

結婚線で結婚のタイプを見る

恋愛や結婚の年齢は、生命線や運命線で見るほうがはっきりわかります。

けれども、「結婚線」は、やはり結婚を表す線。どんな結婚をするか、幸せな結婚か波乱含みの結婚か？　などがわかります。

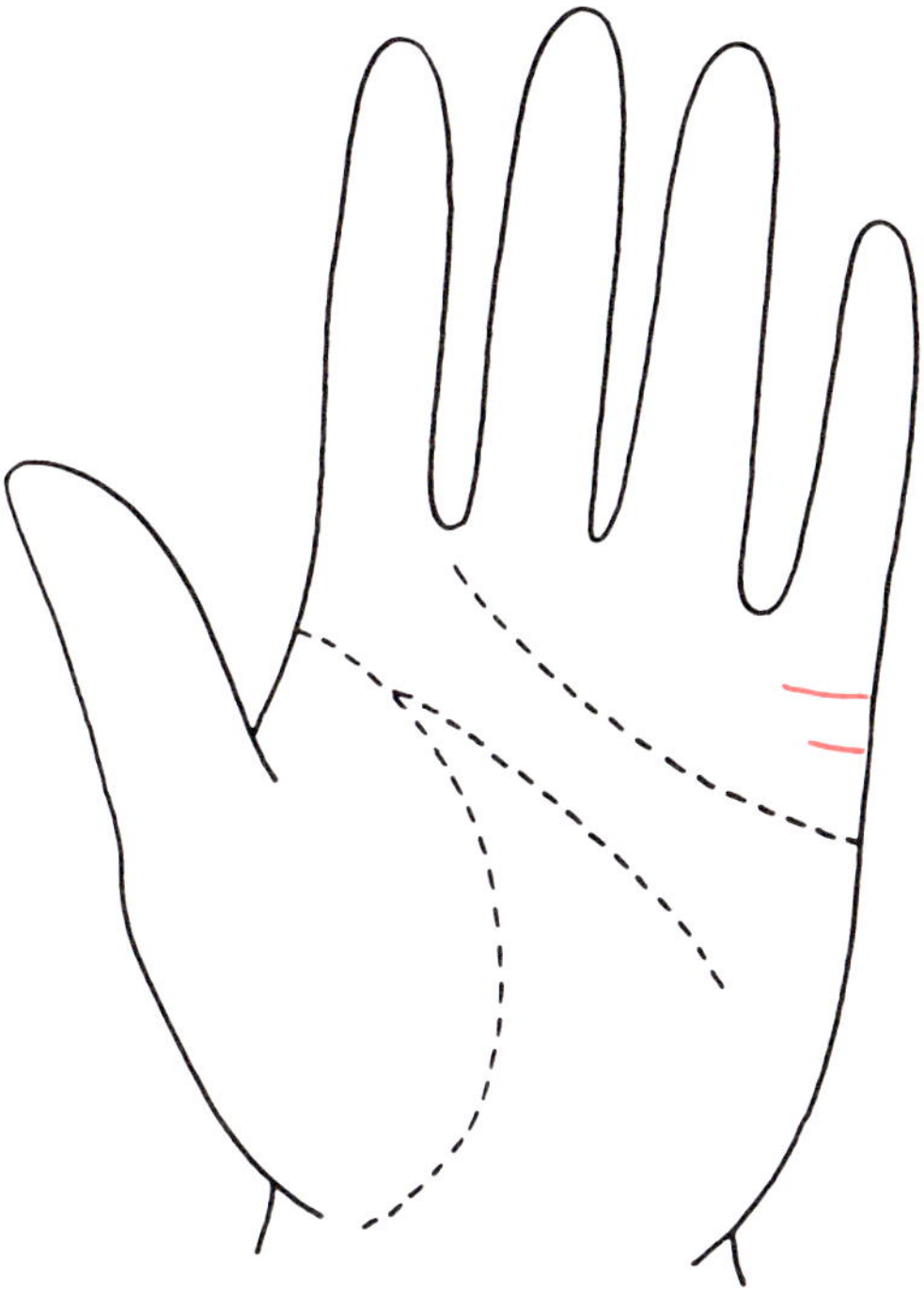

手のひらの小指のほうの側面から小指の下にかけて、感情線より上の位置にある線です。この線の多少、長短、向きなどで、その人の結婚に対する気持ちや結婚生活の状態がわかります。

健康線で健康の状態を見る

「健康線」は、手のひらの感情線より下の位置に斜めに出る線です。健康なときには出ないので、これが出ていたら、少し体調が悪いと思って、気をつけてください。

今は悪くなくても、隠れて病気が進んでいることもあるんですよ。

例えば、不規則な生活や栄養の偏りなどで、このままいくといつかは病気になってしまうと、警告してくれているのかもしれません。今後の生活は、健康に要注意です。

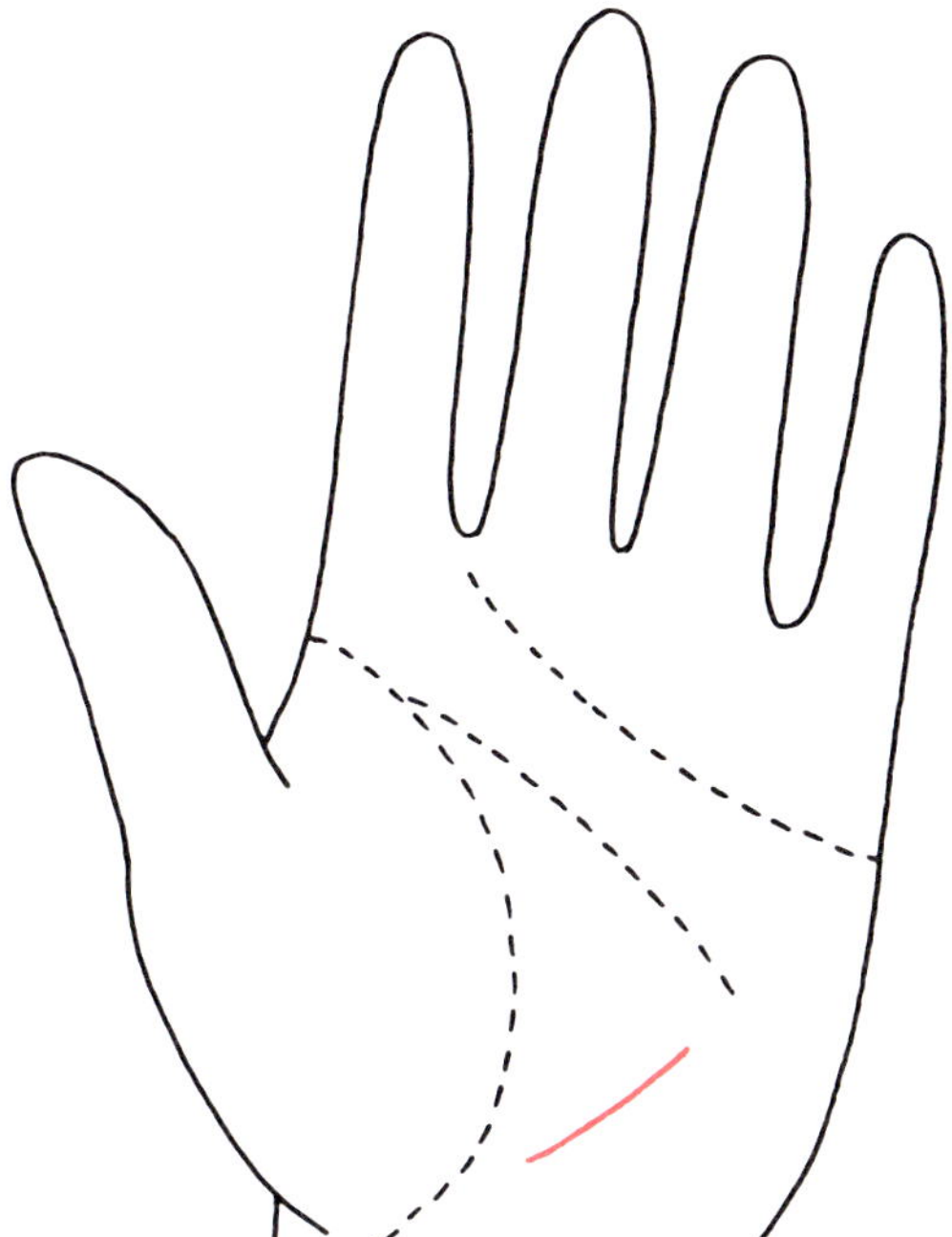

財運線で商才・金運を見る

水星丘に表れる線は、現在の金運や商売運を示す「財運線」。商売が上手、お金もうけが上手な人に出る線です。

言葉が上手な人にも出るため「弁舌線」ともいわれています。

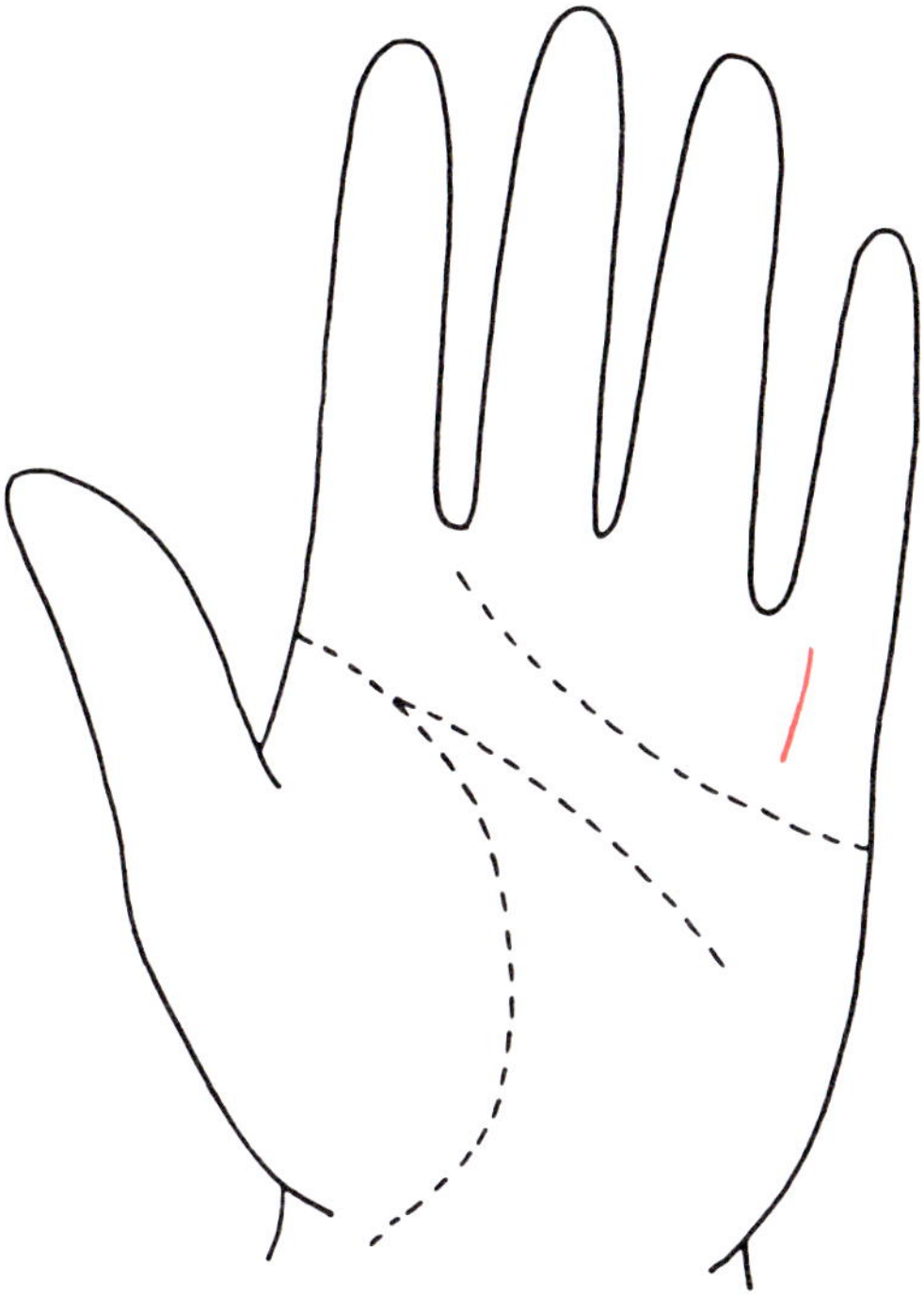

流年法で、何才のときかピタリと当てる

手相の線は、人生の年齢も刻んでいます。これが正確に読めれば、何才のとき何があったか、ピタリとわかるんですよ。

私の師匠、西谷先生は、すばらしく正確な流年法《りゅうねんほう》をマスターし、極めた方です。

「二十才のとき、恋愛したでしょう」

どころか、

「十九才の前半に出会って、二一才の後半で別れたでしょう」

と、三カ月の狂いもなくわかってしまいます。

手相に目盛りが刻まれていれば、誰にでもすぐわかるんですけれども、なかなか最初は難しいかもしれません。

でも、本当はこれが一番おもしろい！　私も最初、流年法がおもしろくておもしろくて、手相にのめり込んでしまったくらいです。

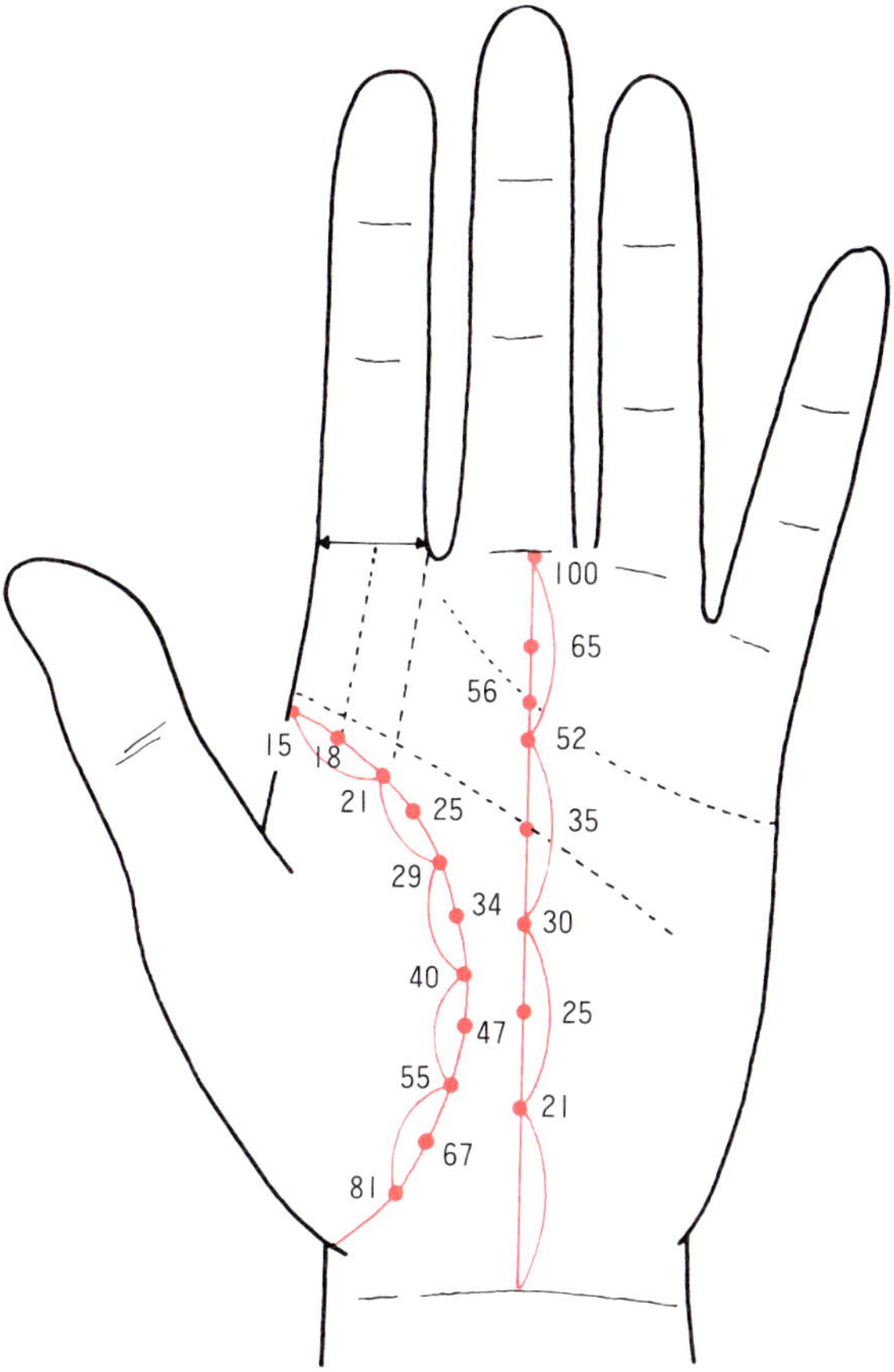

流年測定法（数字は満年齢）

それでは、その流年法をご紹介しましょう。まず、人差指の幅をそのまま、生命線の上に下ろしてきます。これが二一才地点。

それから、生命線の出発点を十五才。二一才地点との中間は十八才になりますね。

次に、この十五才から二一才までの幅を、生命線の上にとっていきます。そこが、二九才、四十才、五五才、八一才となります。

あとは、その間を等分に刻んでください。

運命線は、図のように、手首線と中指のつけ根のちょうど中間を三十才とします。

四分の一地点を二一才、四分の三地点を五二才として、等分に刻んでください。

初心者の方は、だいたいの位置を見るだけでもいいと思います。流年法を刻んだ図を見て、参考にしてくださいね。

さて、これで手相の基本的なことは、話し終わりました。いよいよ次の章から、もっと詳しくあなたの手相を見ていきましょう!

第二章　恋愛と結婚を占う

恋の印も手のひらに刻まれる

なんといってもみなさんが、いの一番に聞きたいのは、恋愛のことですよね？

「幸せな恋愛ができるかしら」

「私には、いつ素敵な彼が現れるの？」

と、頭がいっぱいでしょう。

当然です。女性にとっては、恋愛や結婚は人生の重大事。何はともあれ、恋愛の手相をまっ先に見ましょう！

恋愛、結婚の印は、いくつかあります。ひとつだけでなく、いくつかの印を組みあわせて考えてください。

それから、手相の見方は、男性も女性も同じです。彼のいる人だったら、自分の手相をチェックするのと同時に、彼の手相もぜひ見てみましょう。もしも、同じ年齢のときに、ふたりの手に同時に結婚の印が出ていれば、万万歳ですね。

つきあってはいないけれども、これから仲よくなりたい、と思いを寄せている男性がいたら、やはり手相チェックをおすすめします。

「ちょっと、手相見せて」

と言えば、

「え、手相が見れるの？　見て見て。ぼくの手相、どう？」

と誰もが興味を持ってくれるはず。

手相がきっかけとなって話がはずみ、自分の内面の深いところまで話してくれる場合が多いんです。きっと、当たっているので驚いて、ついいろいろ話したくなってしまうんでしょうね。

一気に親しい雰囲気になれる上に、彼の恋愛運や性格がわかりますから、どうやって彼にせまればいいかもわかってしまうでしょう。

こんなに便利な手相を利用しない手はありません。

それでは、さっそく具体的に手相を見ていきましょう。

まずは、生命線から上にのぼる運命線に注目

あなたの手には、生命線の上から中指に向かって上る運命線があるでしょうか？

この線は、別名「開運線」と呼ばれます。運命線のところでお話ししたとおり、この年齢のときに、グングン運が開けてくる印なのです。

受験に成功するとか、仕事で昇進するとか、とにかくいいことが起こる相です。

となると、適齢期の女性の場合、「結婚！」ということは十分予想できます。

生命線のどの地点から開運線が出ているか、流年法を使って調べてみてください。

それから、同じ生命線から出発する線でも、人差指のほうに向かって上る線は、ありますか？

これは「向上線」。「がんばるぞ」という意欲に燃える人に、よく出る線です。やる気にあふれてます。

この線も、恋愛にかぎらず仕事を忙しくがんばった年とか、一生懸命勉強した年など

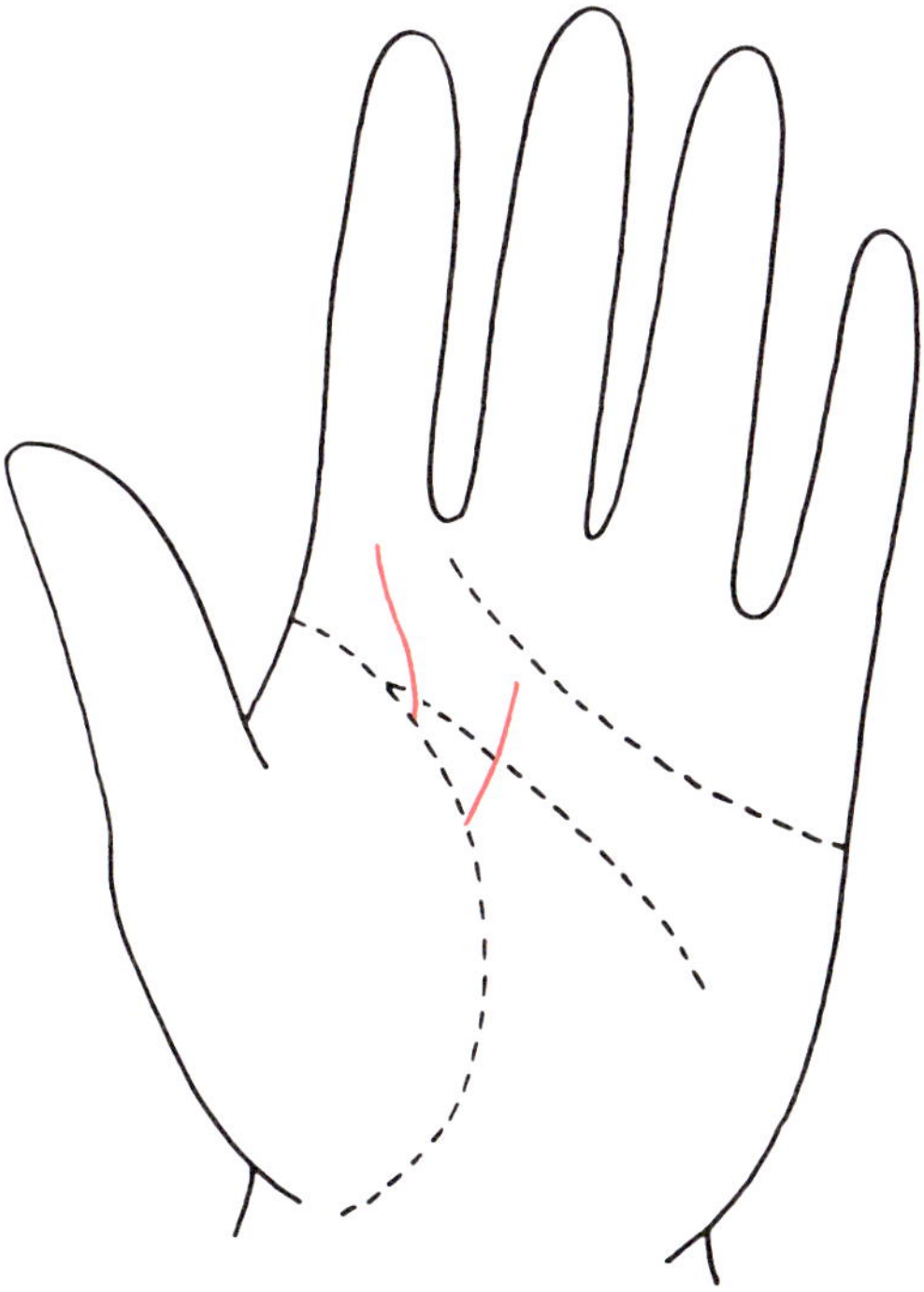

に出るんですよ。

恋愛でいえば、思い続けた彼と婚約にこぎつけた、というときに出ることが多いようです。二三才くらいで向上線が出ていて、二五才で開運線があるなんて人は、それが婚約、結婚の年齢かもしれません。

生命線の少し内側から上っている線の場合は「身内の助けで開運」という意味があります。お見合い結婚によって幸せになる相でしょう。生命線を通過している地点の年齢で、結婚すると考えられますね。

恋愛線でわかる、燃えるような恋愛期

恋愛線は、感情線から金星丘に向かって流れ込む線です。さっそく、あなたの手をよく見てください。ありましたか？

この恋愛線が、ちょうど生命線を通過する地点を、流年法で調べてください。そこがあなたの大恋愛の年です。出会いの時期に出ることが一番多いです。

けれども、

「私は、十九才のときから五年間、ずっと彼だけとつきあっているのに、三本も恋愛線が出ているわ」

という方もいらっしゃるでしょう。

ご心配なく。その恋愛線は、彼とまた新たな気持ちで盛り上がった時期に出ていませんか？　気持ちが大恋愛状態になれば出るのですから、同じ相手でも出ることもあるんです。

でももしかしたら、彼とつきあっていても、浮気心で他の人を好きになったときの印かもしれません。

恋愛線は、片想いでもあなたが好きで好きで、ひとりですごーく盛りあがっていたのなら、ちゃんと出ますからね。ですから、

「あと一年後に恋愛線が出ているわ」

と言って、喜んでばかりもいられません。片想いということもありますから。

でも、とにかく恋愛線が出ている年齢のときには、素敵な出会いがあって、恋に夢中になれることだけは確か。あとは、なんとかその恋をつかめるように、アタックするのみです。

感情線からずっとつながっている長い線ではなくて、もっと短い恋愛線もあります。二十才くらいまでの若いときの恋は、このくらいの短線の場合が多いようです。

それから、もっと長い恋愛線もあります。感情線のさらに上のほうからずーっとつながっているのです。この場合は、片想いはあり得ません。相思相愛！　この時期に結婚か、または同棲を始めるなど、ふたりの間は深く結ばれるでしょう。

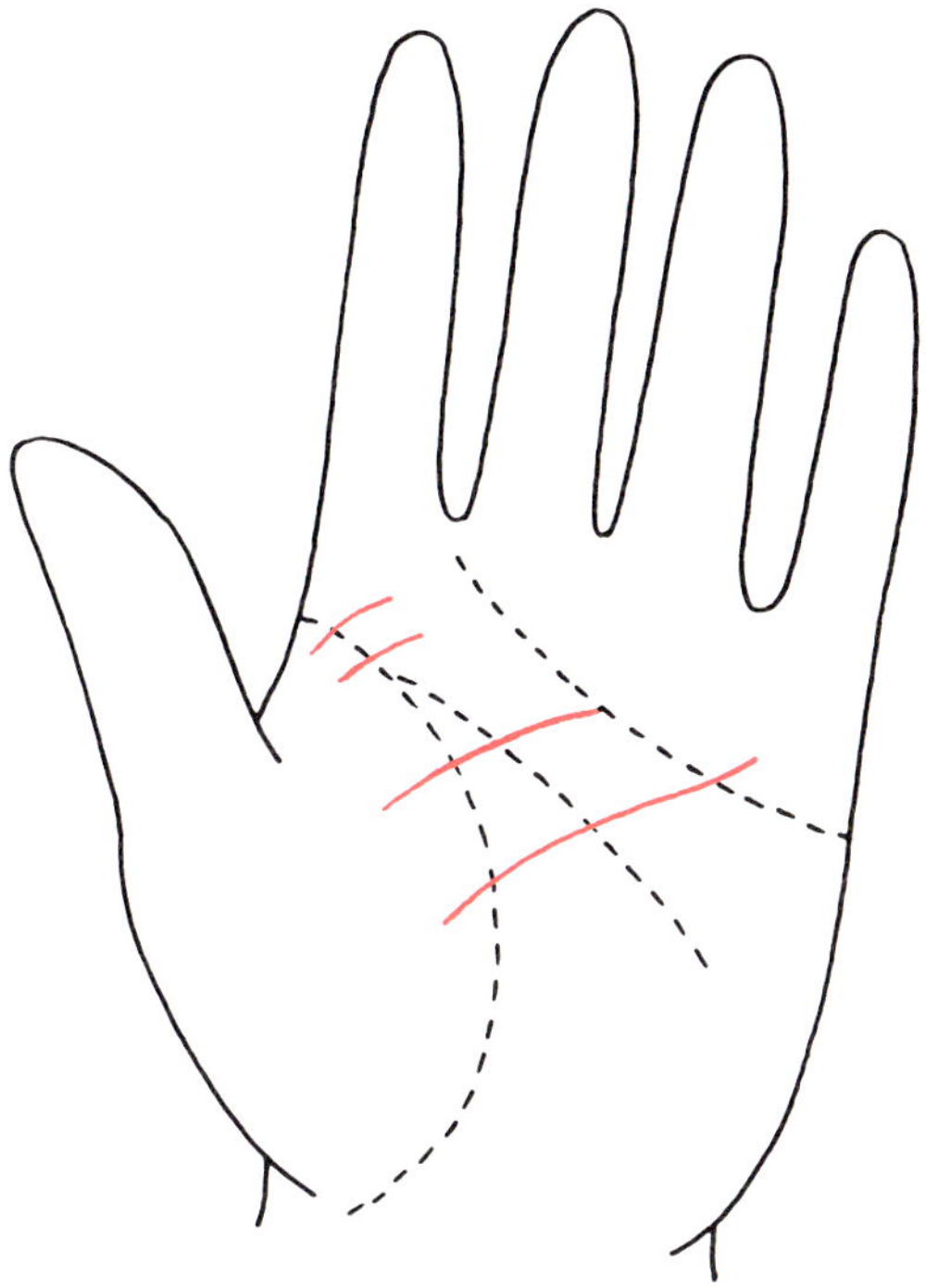

チェック相は、三角関係の証拠

図のように、生命線からふたまたに別れたような形になっている短線は、「チェック相」と呼ばれ、この年に三角関係に陥ります。

「つきあっている彼がいるんだけど、もうひとり、別の候補が現れちゃって……。」

という場合が多いみたい。

新しい彼もあなたを振り向かせようとデートに誘ってくるし、前の彼もまだあなたのことを好きだし……モテてモテて困っちゃうという、うらやましい相ですね。

今までの彼とはすっきり別れるとか、どちらかにスムーズに決まればいいのですが、チェック相が生命線の中にまで入り込んでいる場合は、注意してください。もめ事が起こりそうですよ。

さらに、生命線の中に入り込んだところで島型になっていたら、大問題。

どちらもあなたをあきらめてくれず、あなたもどちらにも決められず、ドロドロの三

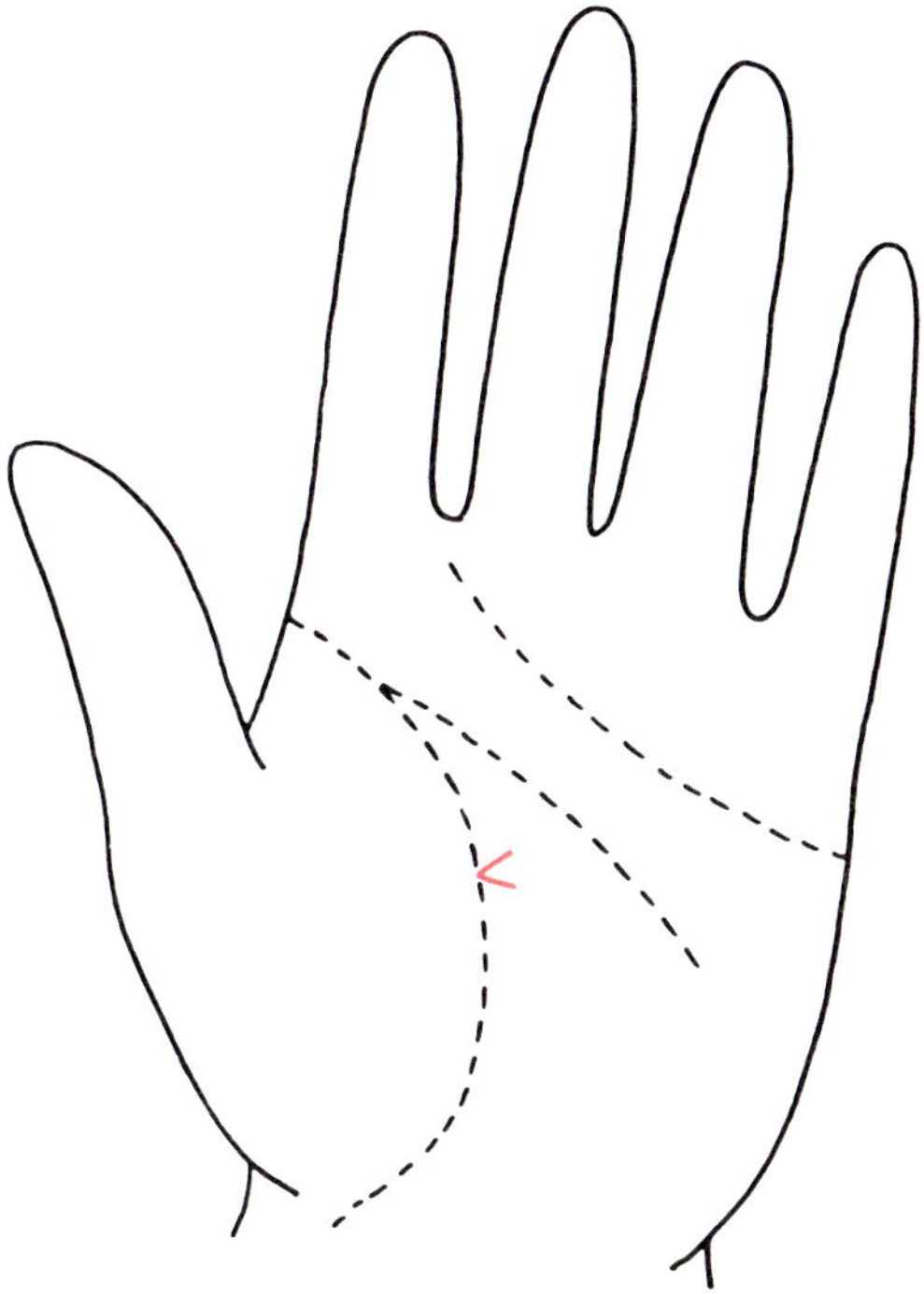

角関係地獄にまっ逆さま。

女性は恋も受け身なことが多いですから、ついズルズルと流されて、という気持ちはわかります。でも、もしもこの相が出ていたら、よく心構えをしておいて、そんな不幸に陥らないように注意してください。

影響線で見るふたりの愛情度

これは、よく見ないとわからないかもしれません。光に当てて、目をこらして見てください ね。

生命線の内側五ミリ以内のところに、生命線に沿ったような形で、薄い線が出ていませんか？　影響線と呼ばれる線です。

この影響線が出ている間は、愛情が続いていることを表しています。生命線に近づけば近づくほど燃えています。離れれば、心も離れたということです。

例えば、二二才のところから影響線が始まって、どんどん近づいていって、二五才のところでぴったりくっついていれば、二二才で出会った人と二五才で結婚する、と考えていいでしょう。

反対に、どんどん離れていくなら、影響線が離れて消えてしまったところで、ふたりはお別れ……、ということに。

それから、左手にある影響線は、彼からあなたへの愛情を示します。右手はあなたから彼への愛情。ということは、おつきあいしている彼がいる人は、両手を見比べてみれば、相思相愛かどうかわかりますね！

「左手には出ているのに、右手には全然出ていないわ」

という人は、彼の方が、あなたにお熱なのです。うらやましいことです。反対に、左には出ていなくて、右に出ている人は、あなたの方が愛情量が多いのですね。

けれども、この線は誰の手にも出るものではありません。手のひらに、いろいろな線がたくさんある、心の繊細なタイプの人にはよく出ますが、すっきりくっきり細かい線はあまりないという人には出ません。

影響線が、長くずーっと続いている人は、とても幸せな恋をするでしょう。愛情が長続きします。この長い影響線の始まった地点が結婚、ということが多いようです。そのときから末長く、幸せな結婚生活が送れますよ。

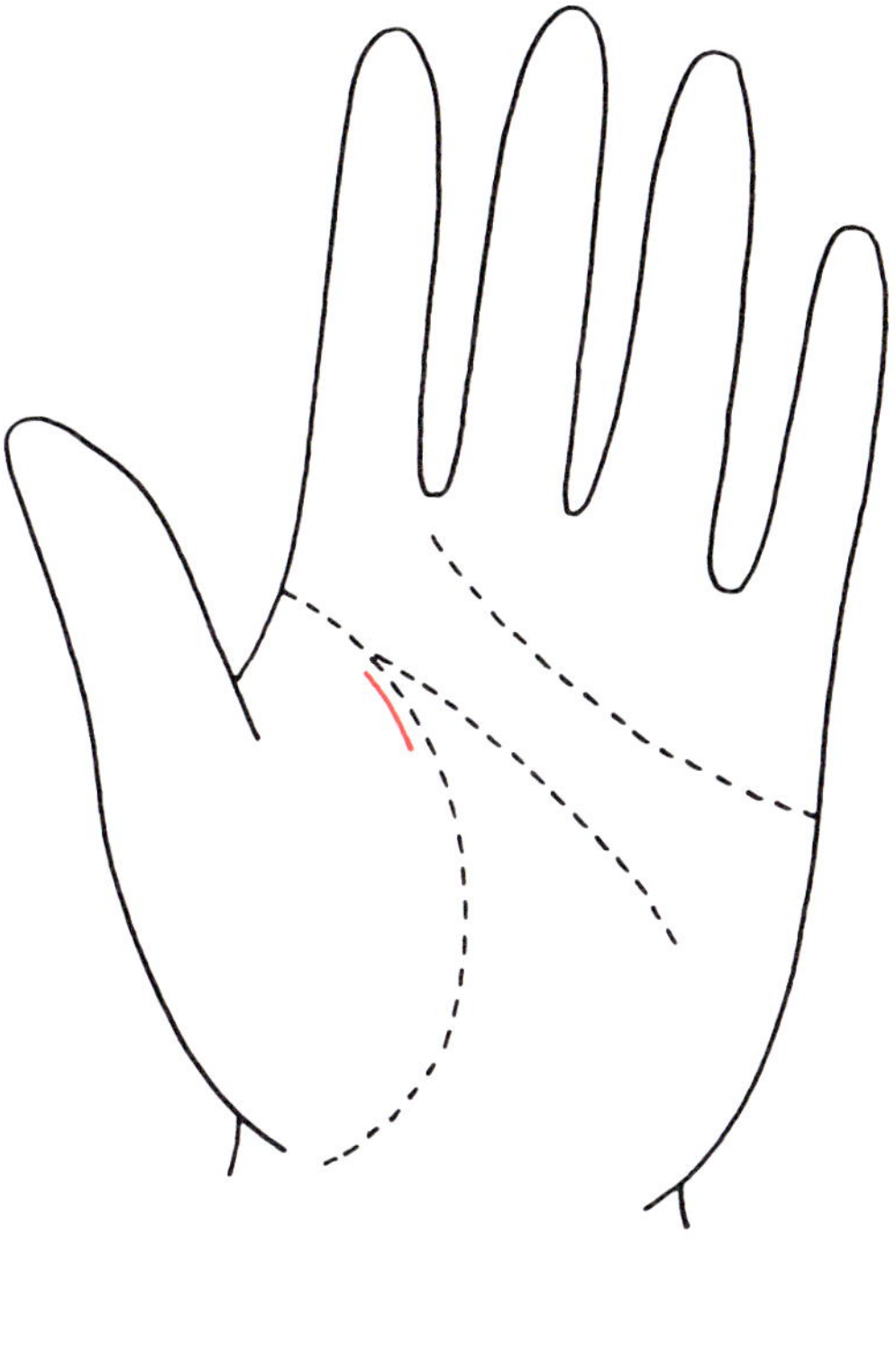

ふたまた短線は、婚約・結婚の印

生命線の内側に出る支線があります。はっきりしていて、二センチ以上の長いものは、生命線の意味を強めている支線ですが、もっと短い場合。二ミリから一センチくらいの短い線で、見落としやすいのですが、見落とさないで！　これは婚約・結婚の印です。

誰にでも出る線ではありませんので、この短線がないからといって、「私は一生結婚できないんだわ……」なんて早合点して暗くならないでくださいね。

これが出ている人は、ほぼ間違いなく結婚につながるでしょう。その年齢は、生命線から、短線が出ている地点です。

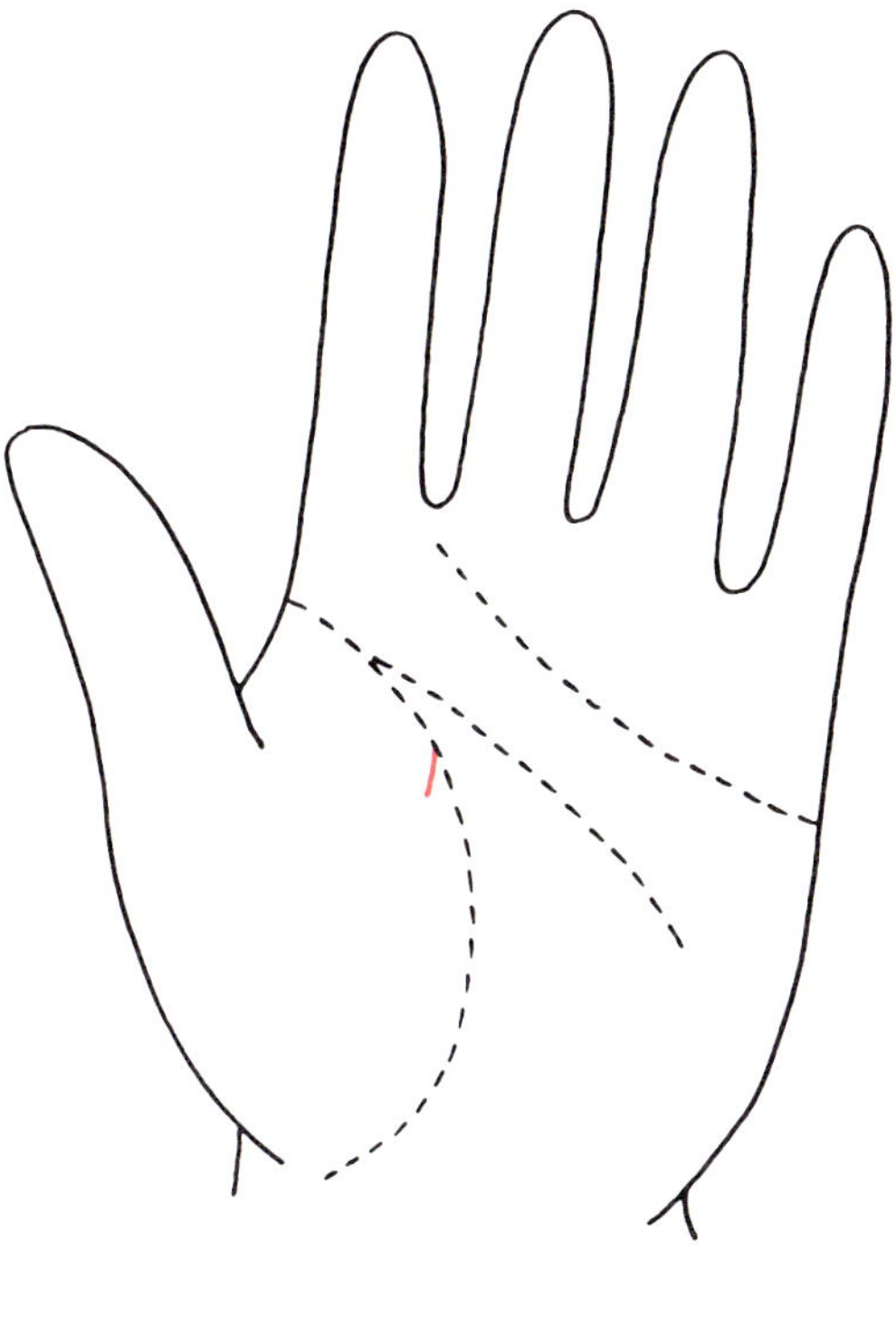

結婚線からのパイプラインは、幸か不幸か⁉

結婚線から生命線の内側まで、長く伸びている線を、ときどき見かけます。一本の線ではなくて、途中で切れぎれになっている場合もあります。これは、この線が生命線を通過する地点で、結婚に関する重大事件が起こると予想してください。

もしもそのとき、あなたが独身だったら、このときめでたく結婚。

でも、すでに結婚している人だったら、離婚して、別の人と結婚しようかという状況に陥ります。離婚するか、思いとどまるか、どちらを選ぶかはその人次第です。このパイプラインの途中に島型があれば、問題はこじれます。離婚になる確率が高いといえるでしょう。

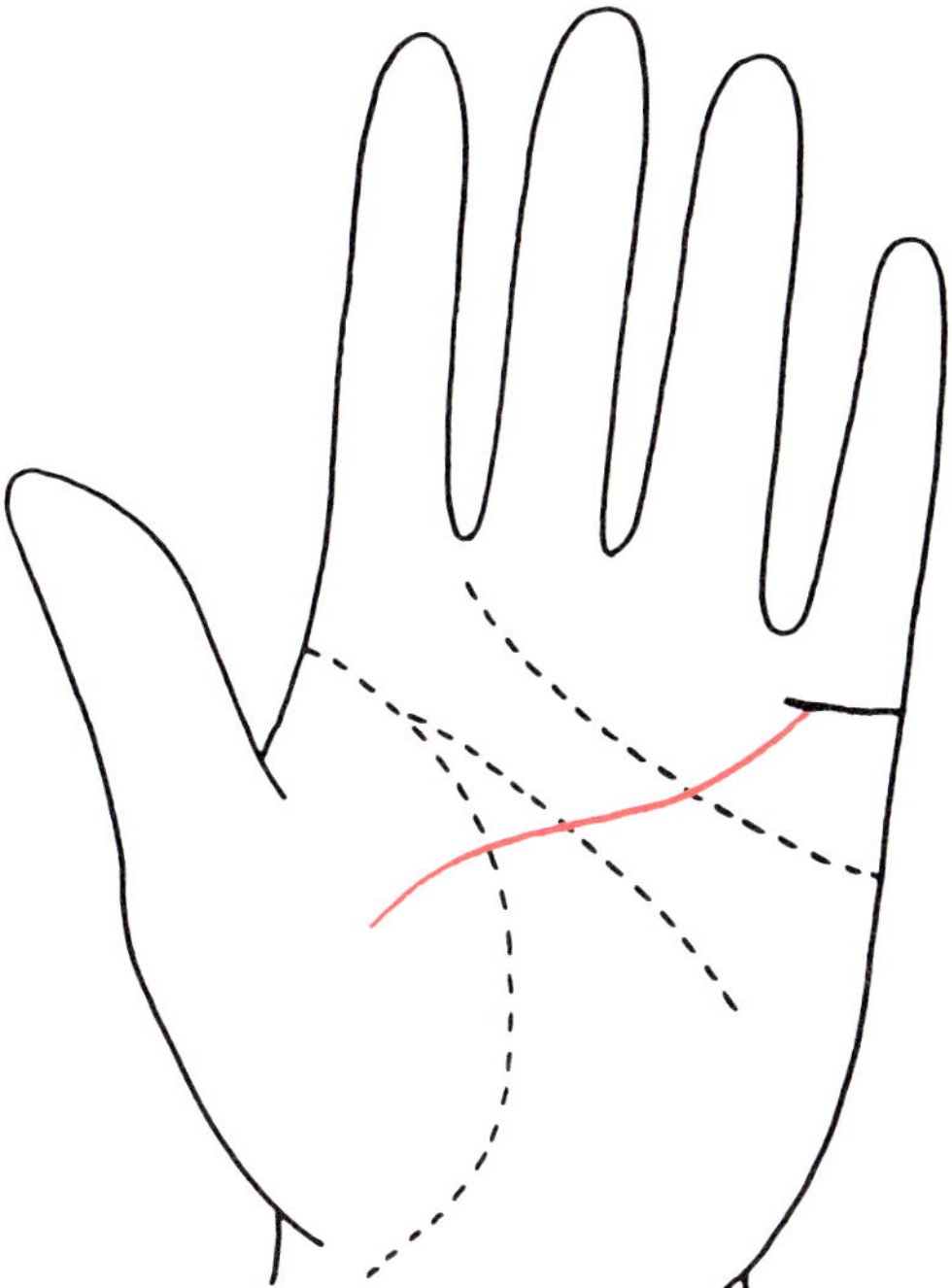

運命線のくい違いは、環境変化＝結婚!?

運命線が、図のように大きくくい違っているのは、この地点で、運命に大きな変化があるという意味なんです。

引っ越しをしたり、転職をしたり、環境がガラッと変わってしまう印。もちろん、結婚の可能性もかなり高い！

小さいくい違いも見逃せないです。長いおつきあいだったりすると、もう結婚前から夫婦同然。こんな場合は、結婚してもそれほど大きくくい違わないんです。だからといって、結婚は結婚。ちょっぴり環境変化を表して、小さくくい違うというわけです。場合によっては、結婚ではなく、子供ができたときにくい違う人もいます。

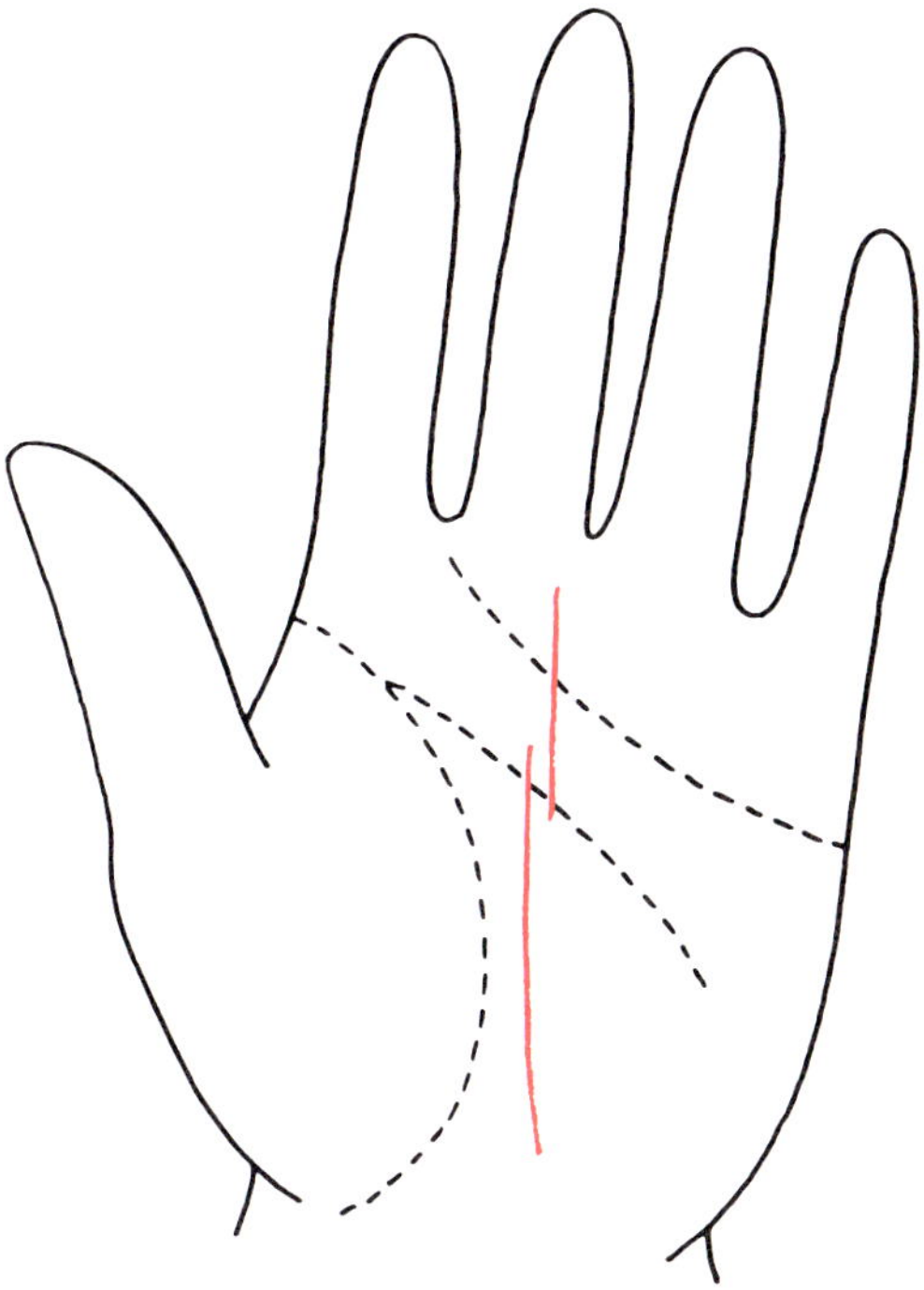

運命線の始まりも、結婚に深く関係している

結婚の年齢と同時に、運命線が出る人もいます。これは、結婚までは、特に何もせずにのんびりしていた人が、結婚して急に彼の家の家業を手伝ったりして、忙しくなったような場合です。

反対に、それまで仕事をしていた人が、結婚して専業主婦になり、三食昼寝つきですっかりのんびりしてしまった、というときには、運命線が、結婚した年で終わったりします。

けれども、必ずしも運命線の始まり、終わりが結婚に関わっているとは限りませんので、その人それぞれの状況で判断しなければなりません。

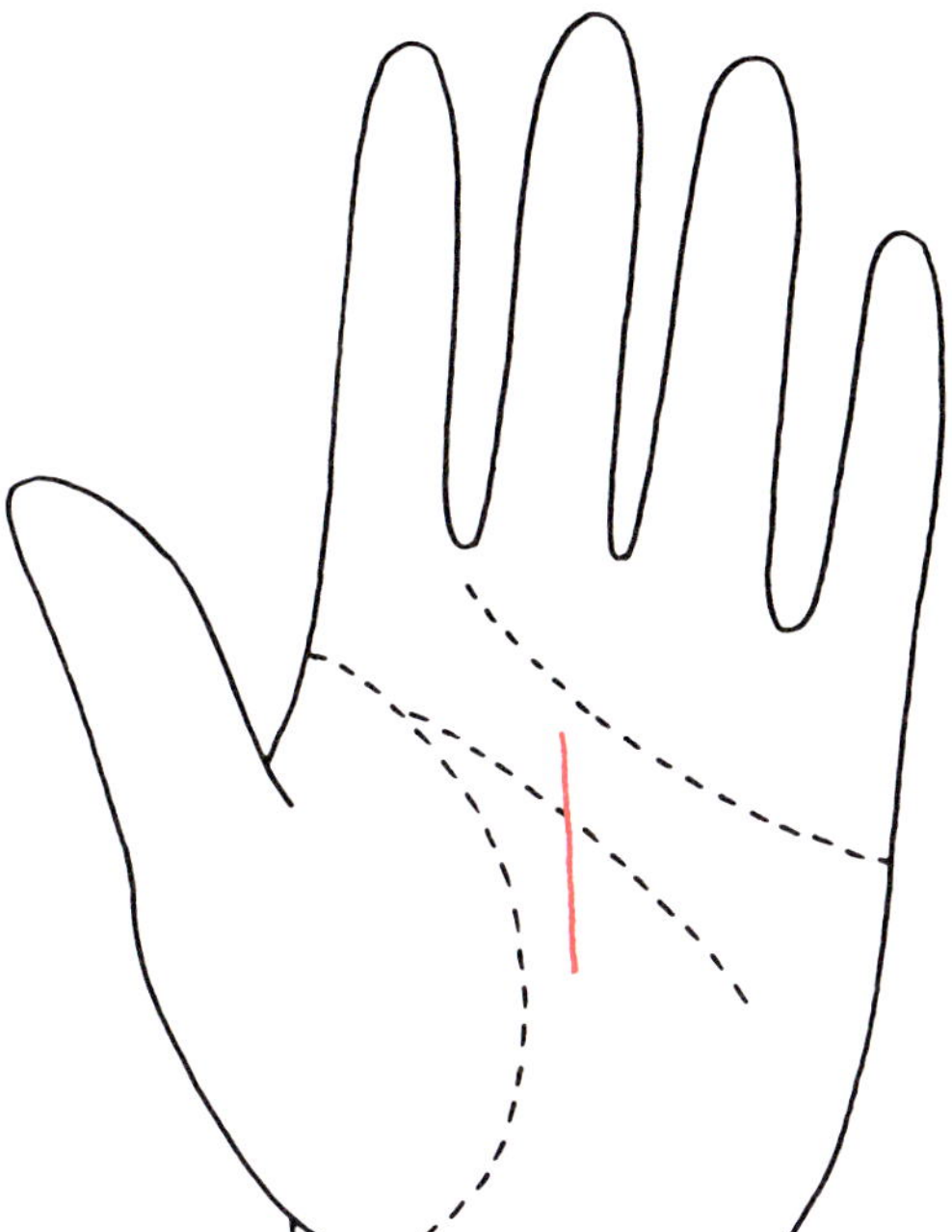

運命線に流れ込む影響線は、結婚の可能性大！

あなたの手のひらには、運命線に向かって、月丘のほうから流れ込んでいる線はありませんか？　これは、結婚の可能性がかなり高い！　ほとんどが、結婚もしくは婚約、同棲、運命の人との出会いです。

結婚ではなくて、その人の人生に大きな影響を与える人との出会い、ということもあります。有力なパトロンが現れるとか、人生の師に出会うというような場合です。

でも、普通は、それほど自分の人生に大きな影響を与える人、イコール結婚相手と考えていいでしょう。

この影響線が流れ込んでいる地点から、さらに太陽丘に向かう太陽線が出ている人は、もうほんとに大ラッキー！　これは、とてもいい影響を与えてくれる重要な人との出会いがあり、それと同時に成功し、開運し、幸せになることを示す太陽線です。

きっと、すばらしい理想の人との結婚が待ち受けているでしょう。

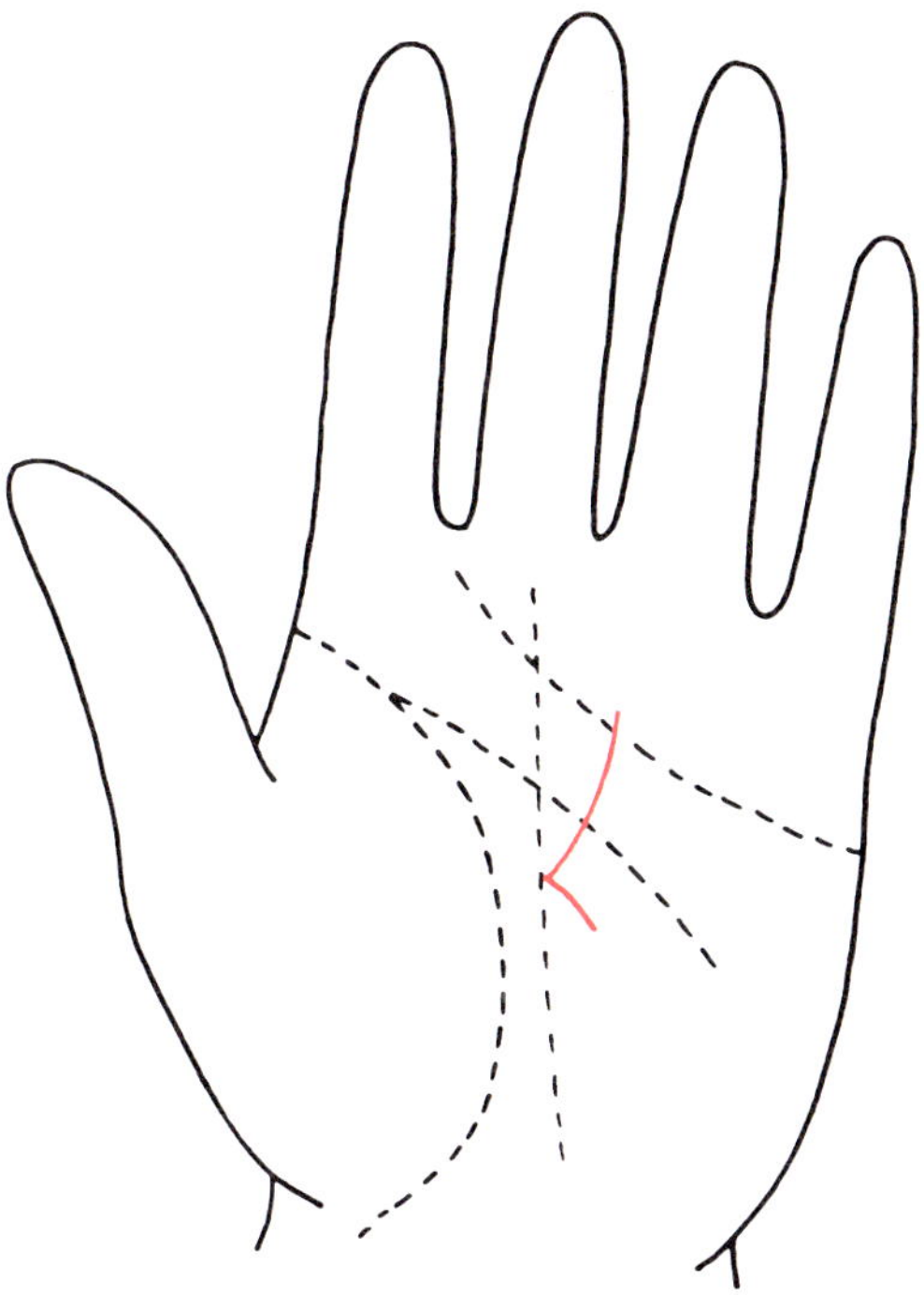

金星丘からの影響線はお見合い結婚

月丘のほうからではなくて、金星丘のほうから流れ込む影響線もあります。これは、お見合い結婚の相です。

また、影響線の一種で、運命線に沿って短く走っている線もあります。これは、この線が始まる年齢から終わる年齢まで、とてもあなたを助けてくれる人がいる、ということです。いい影響を与えてくれるんですね。

この場合も、結婚相手である可能性は十分あります。でも、その影響線が終わったところで別れるわけではありません。強く影響を受けるのがその期間ということなので安心してください。運命線の先が枝分かれして、ふたまた、みまたとヤリのような形になっている人は、これが結婚の年齢かもしれません。結婚でなくても、とてもいいことが起こる印です。

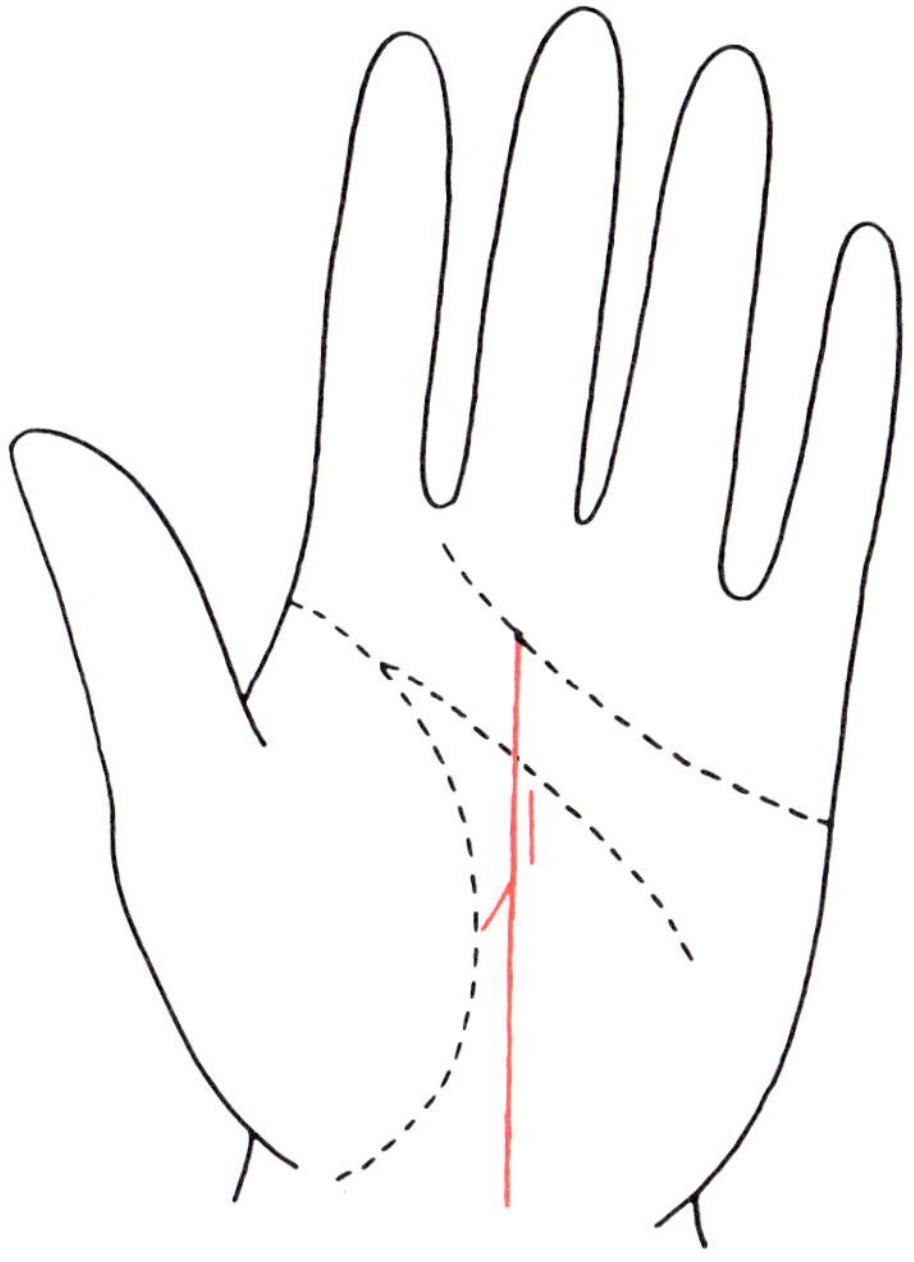

恋人出現のときに出る印

感情線の中指の下あたりに、図のように上向きの短い支線が出ている人はいませんか？

「私、出ているわ」

という方。最近、彼ができたでしょう？

できていないなら、もう近々、恋人ができますよ！　この支線は、恋人出現と同時に出る相なんです。

「えっ、ホント？　それじゃこれから毎日チェックしようっと」

と思った方もいるでしょうね。

それじゃ、もうひとつ、教えましょう。

「爪に白い点が出ると幸運の印」って聞いたことありませんか？　これは本当。中でも親指にこの白点が出るのは、恋人ができるときです。

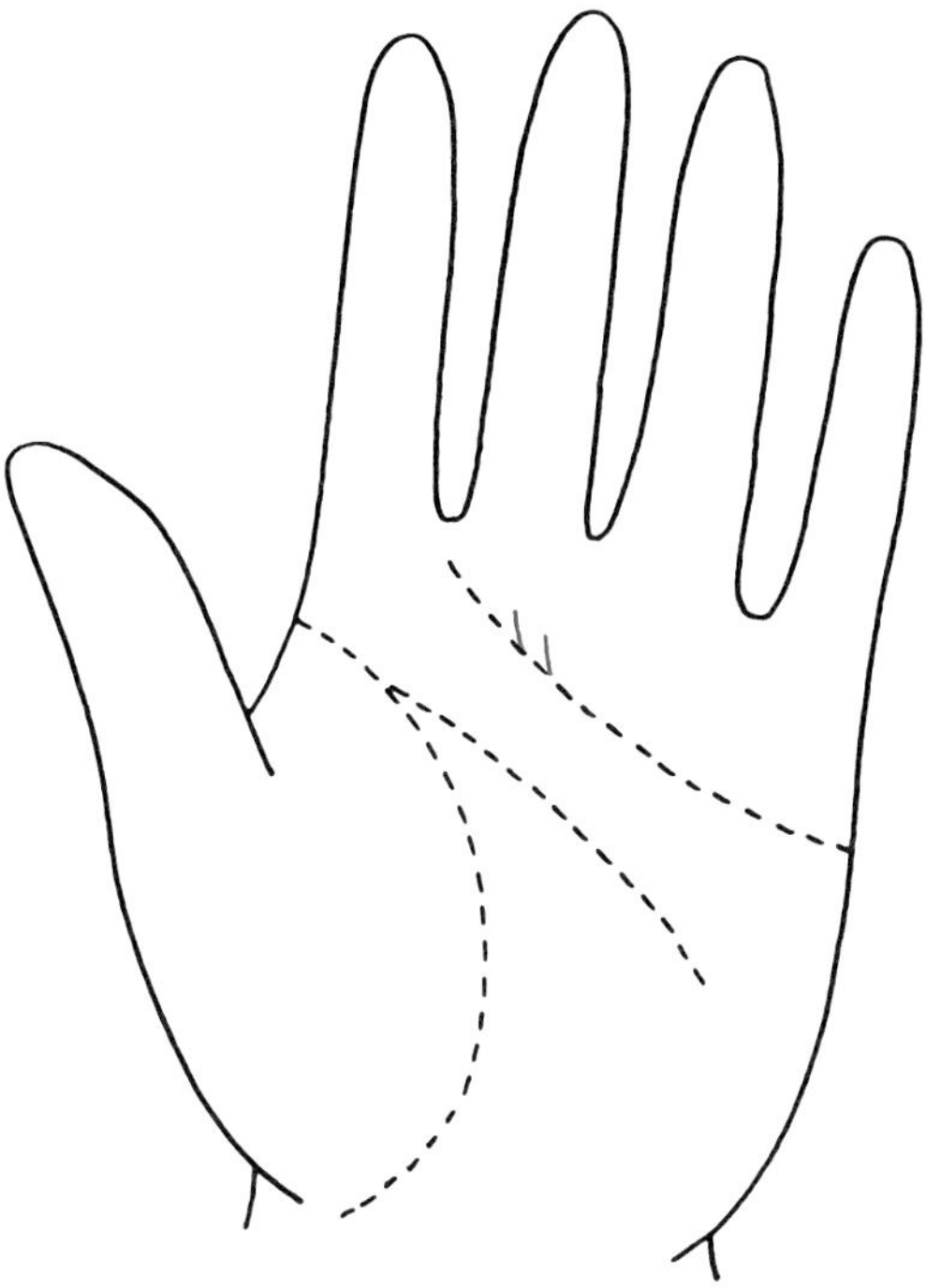

結婚線は何本あるか？

結婚の章なのに、なかなか結婚線の話が出てこないので、どうしちゃったのかと思っている人もいるかもしれませんね。

お待たせしました。ここで、結婚線のいろいろなタイプを見てみましょう。

ただし、年齢のことは、今まで説明してきた線のほうが、よくわかります。結婚線では、あなたがどんなタイプの結婚をするかという結婚運がわかるんですよ。

まず、結婚線が、一本だけきれいに入っている人。う〜ん、あなたって幸せな人ですね。一生のうちに、深く愛する人は、ただひとり。

その人との結婚生活を、仲よくまっとうするでしょう。おめでとうございます！

次に、同じような長さの結婚線が二本入っている人。これは、あなたの予想どおり、二回結婚する相です。両手ともこの相だったら、二回結婚する可能性はかなり高い！

だからといって、

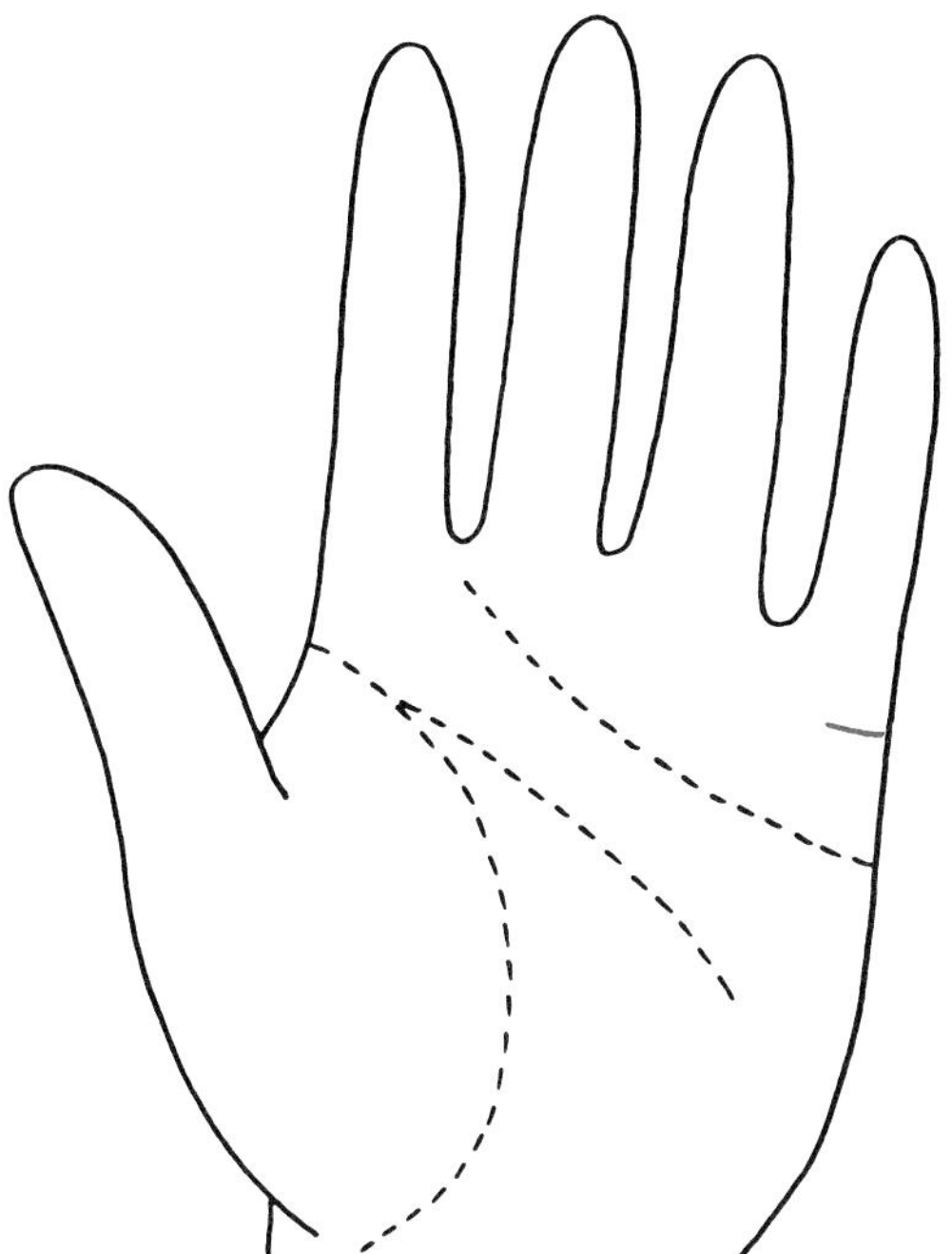

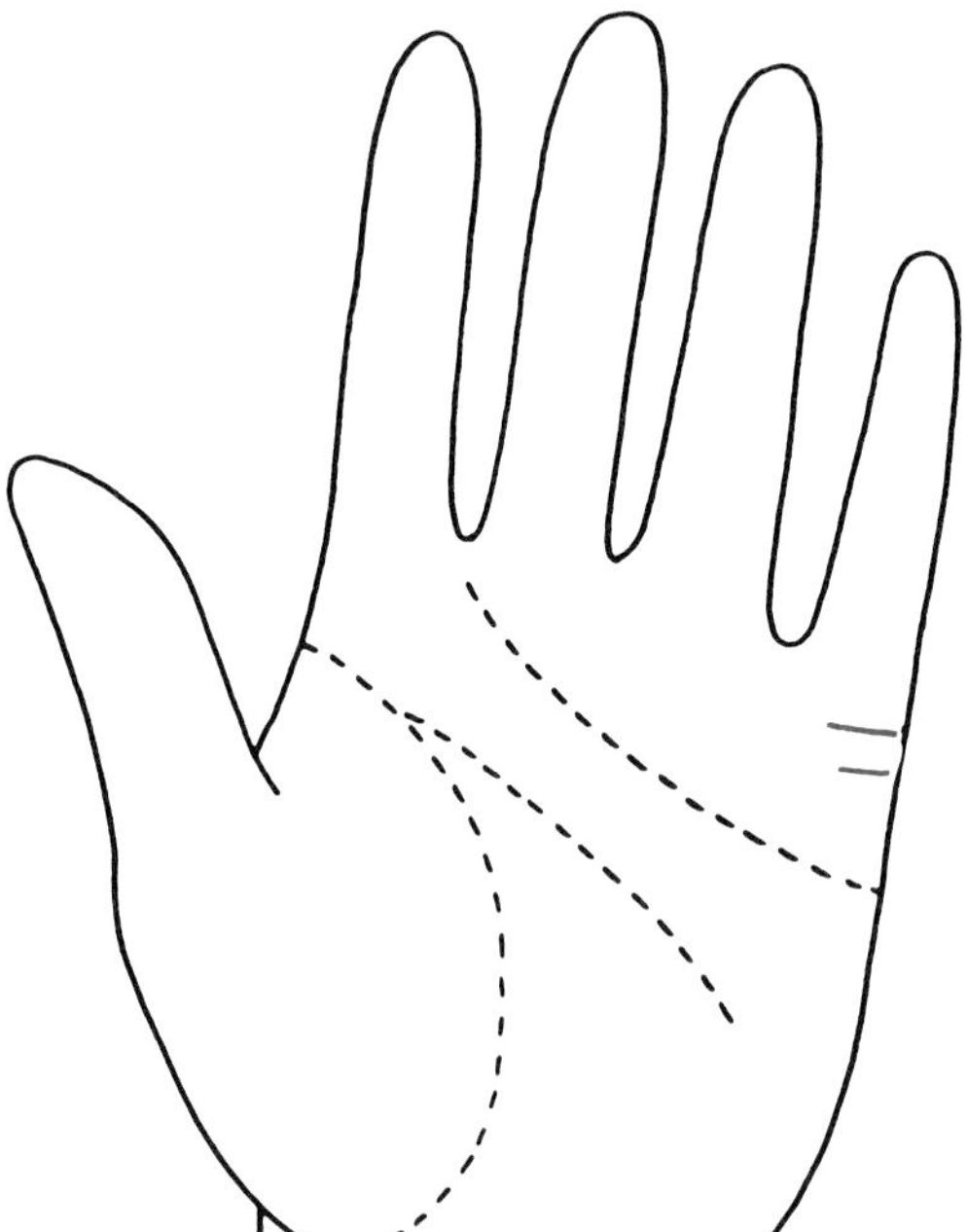

「私は二回結婚する運命なんだわ」

と落ち込まなくてもいいんですよ。

一本目は同棲で二本目が結婚、という人もいるでしょうし、一本目は婚約までいったけど解消し、二本目で結婚、という場合もあるでしょう。人生に、すごく愛する人が二人現れるという意味です。必ずしも、離婚の相というわけではありません。

それに、最初からお話ししているように、未来は変えられるんですから。

「二回結婚するほうが楽しそうだわ」

という方は、それでもいいですが、その心がけでは、三回目に突入するかもしれませんね。

結婚線ではなくて、感情線が二本ある人もいます。この相も、結婚線が二本ある人と同じで二回結婚したり、愛人を作ったりする人です。

それから、結婚線が三本以上あるという人は、もはや結婚の回数とは無関係です。

しかし、恋多き女性であることは確か。別れても別れても、次々と新しい男性が現れてくるのですから、楽しいといえば楽しいでしょう。

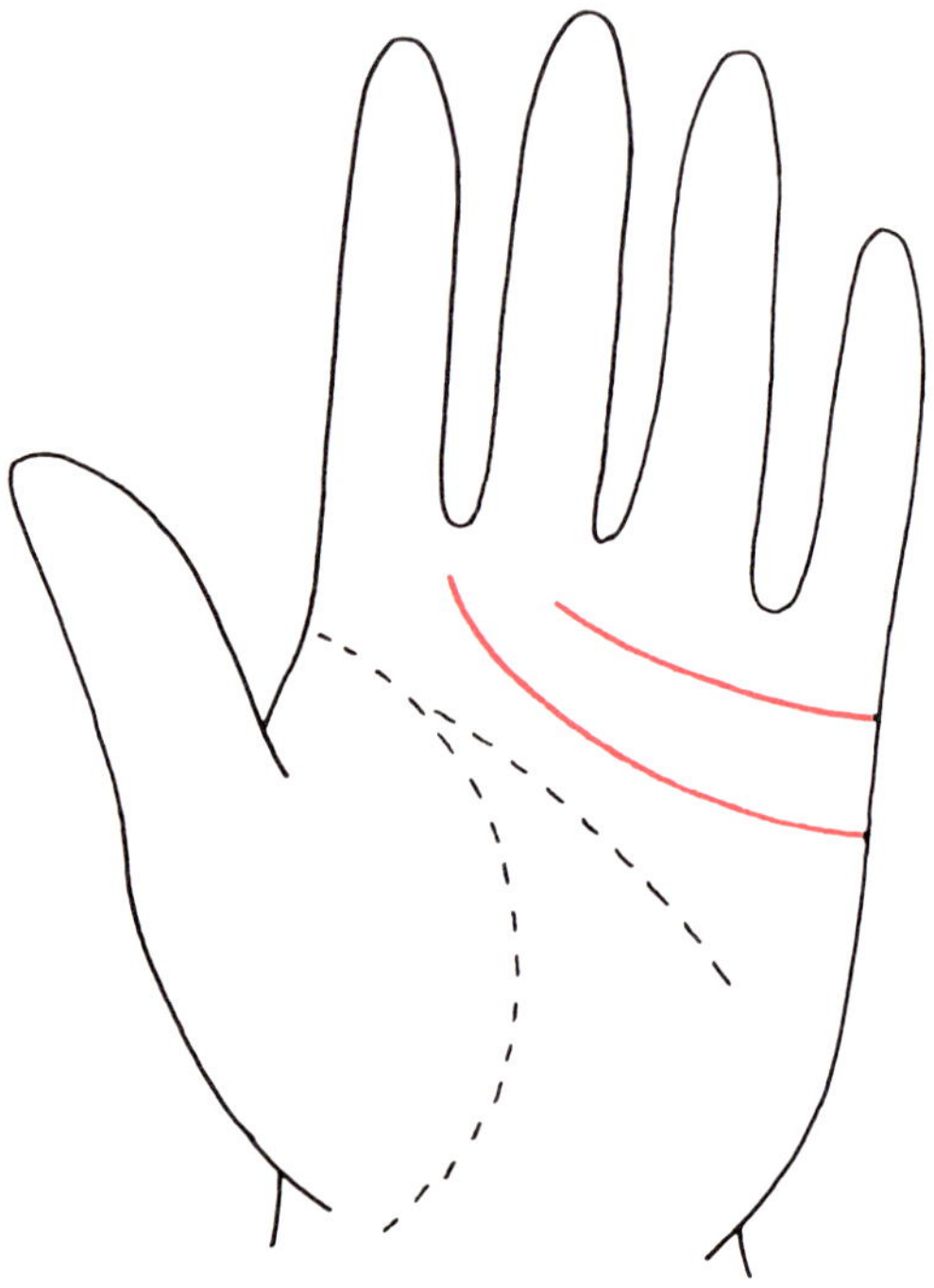

結婚線で幸・不幸を判断する

結婚線の先がふたまたに分かれているのは、別居の相です。いっしょに住んでいても、ふたりの心は離れています。情熱は冷めてしまったんですね。

また、結婚線が下に向いているのも、愛情が冷めている証拠。不思議なもので、最初は普通に横に走っていた結婚線が、冷めてくると下を向いてくるものです。

もっともっと垂れ下がって、感情線にまでくっつくようだと、ふたりの仲は冷えきっています。

反対に、上に向いた結婚線は、とてもいい結婚をする相です。たぶん、自分で思い描いた理想以上のすばらしい人と結婚できるでしょう。

もうひとつ、玉の輿に乗る結婚線があります。それは、結婚線が伸びて、太陽線に届いている人。太陽線は、すばらしい金運、幸運を示す線。これと結婚線がくっついたのですから、相手は、大富豪かもしれません。

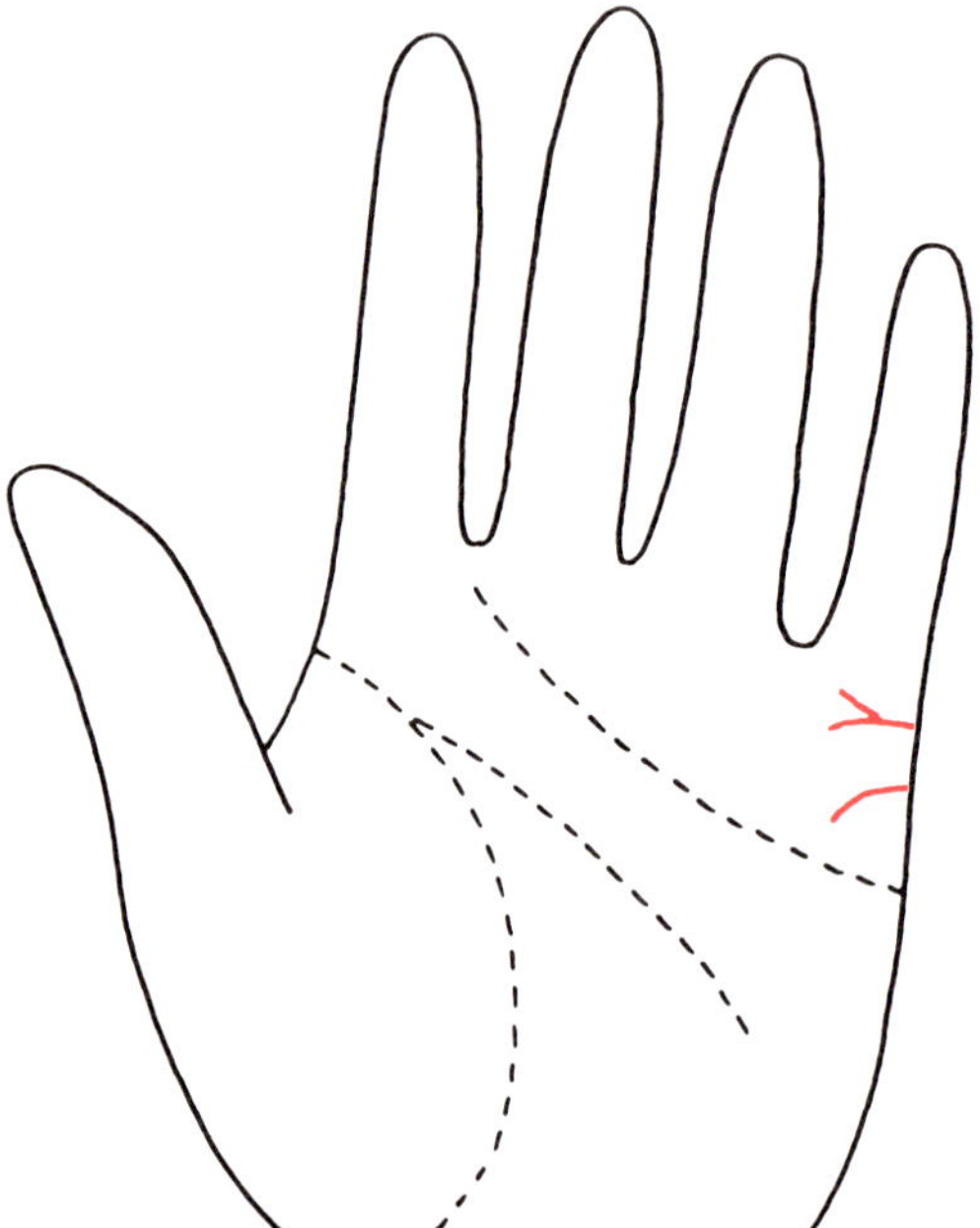

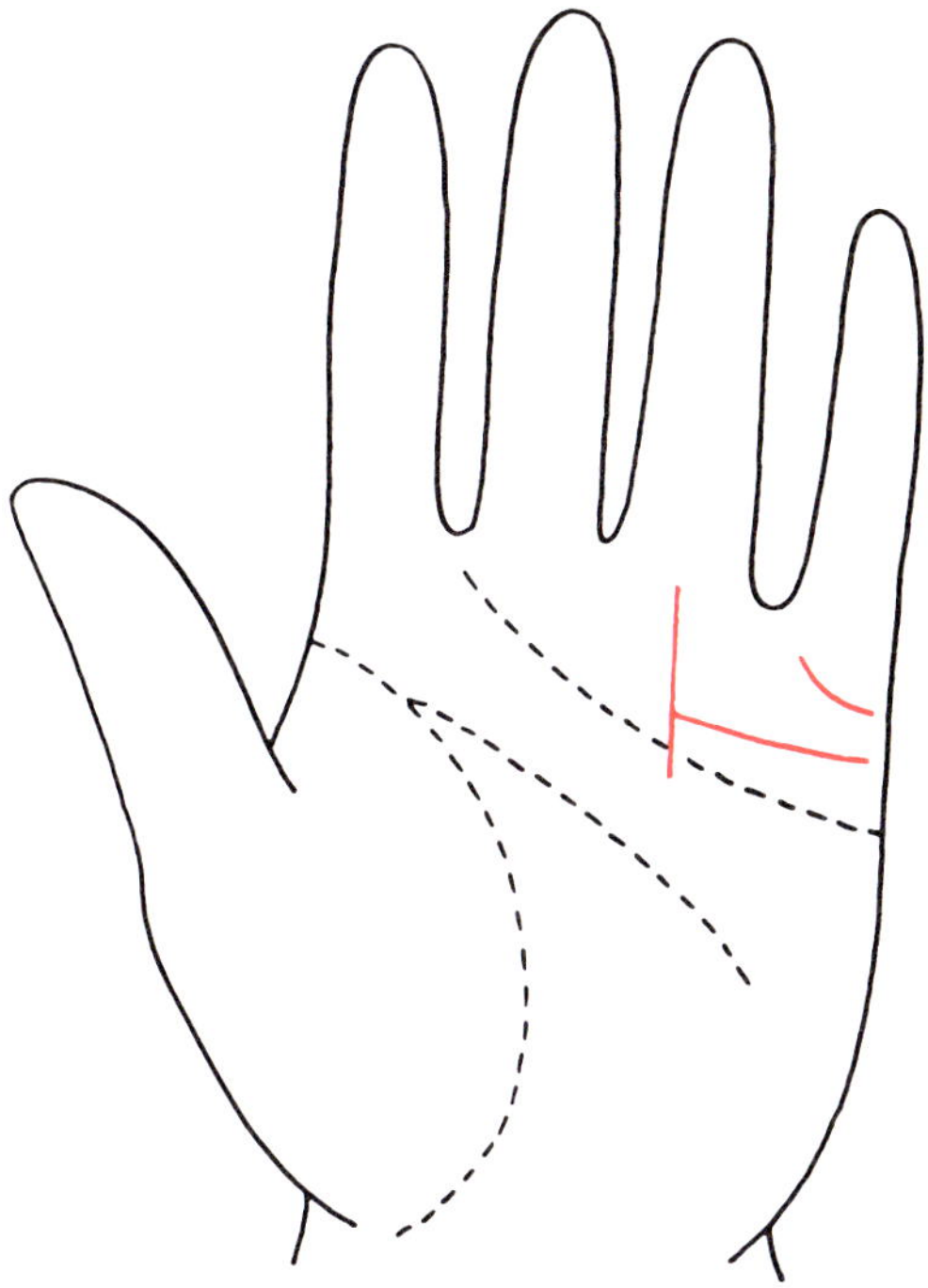

こんな結婚線を持っているあなたは、その人と出会ったとき絶対逃さないように、自分を磨きながら待っていてくださいね。

それから、結婚線の上に、薄い縦線が何本か入っている人がいます。こういう人は、あまり「結婚した〜い！」と強く願っていないようです。仕事に燃えているのか、過去にひどい失恋の体験でもあるのかもしれません。でも、その気になってくれば、縦線も消えてきますよ。

愛人の相もお教えしておきましょう。

結婚線の先端に、平行して短い線が出ていたら、これは愛人です。上にあれば、結婚してから愛人ができる。下にあれば、結婚前から続いていた浮気相手です。

あなたの彼やだんな様に、この線がないかどうかチェックしてください。手相はウソをつけません。

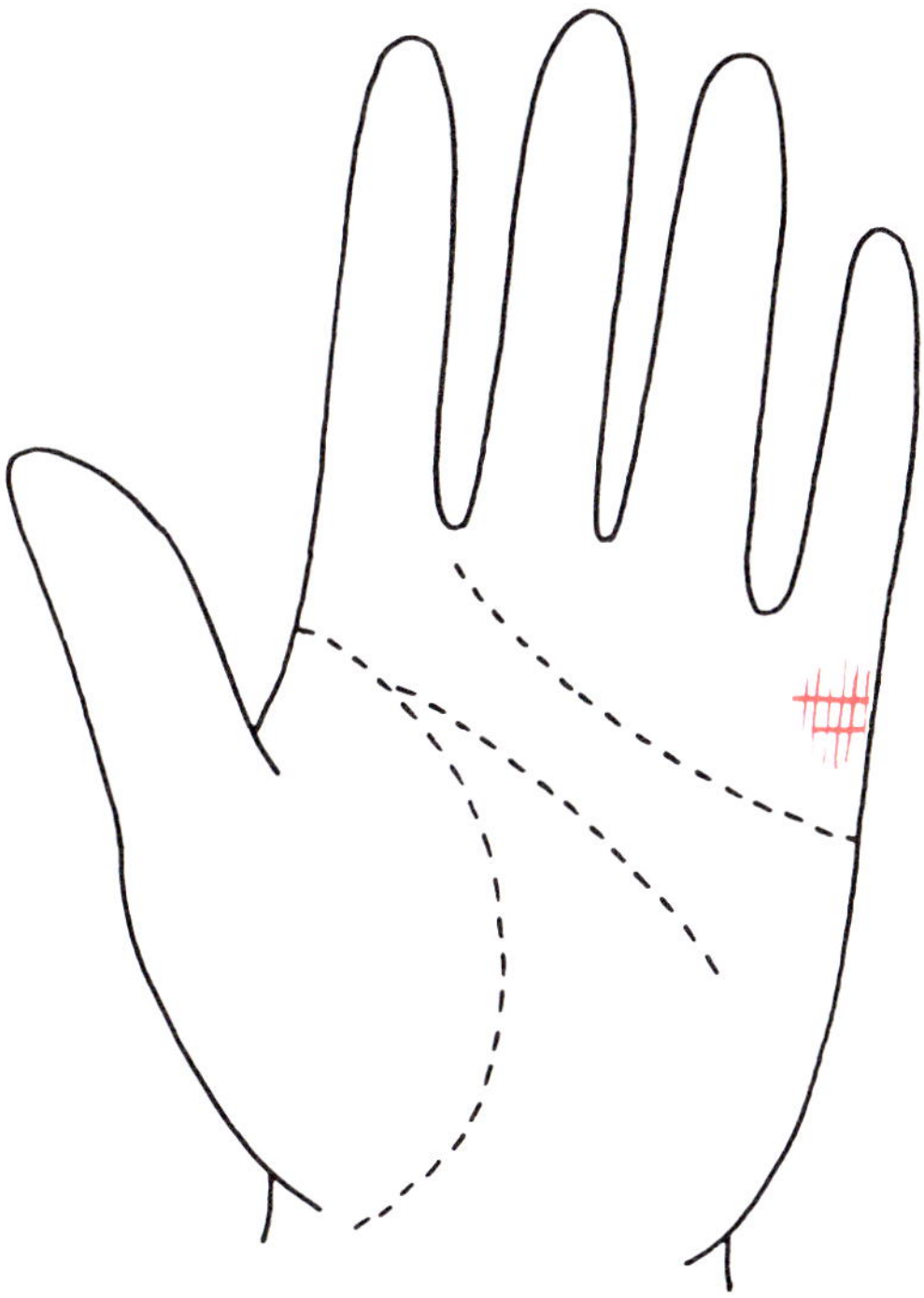

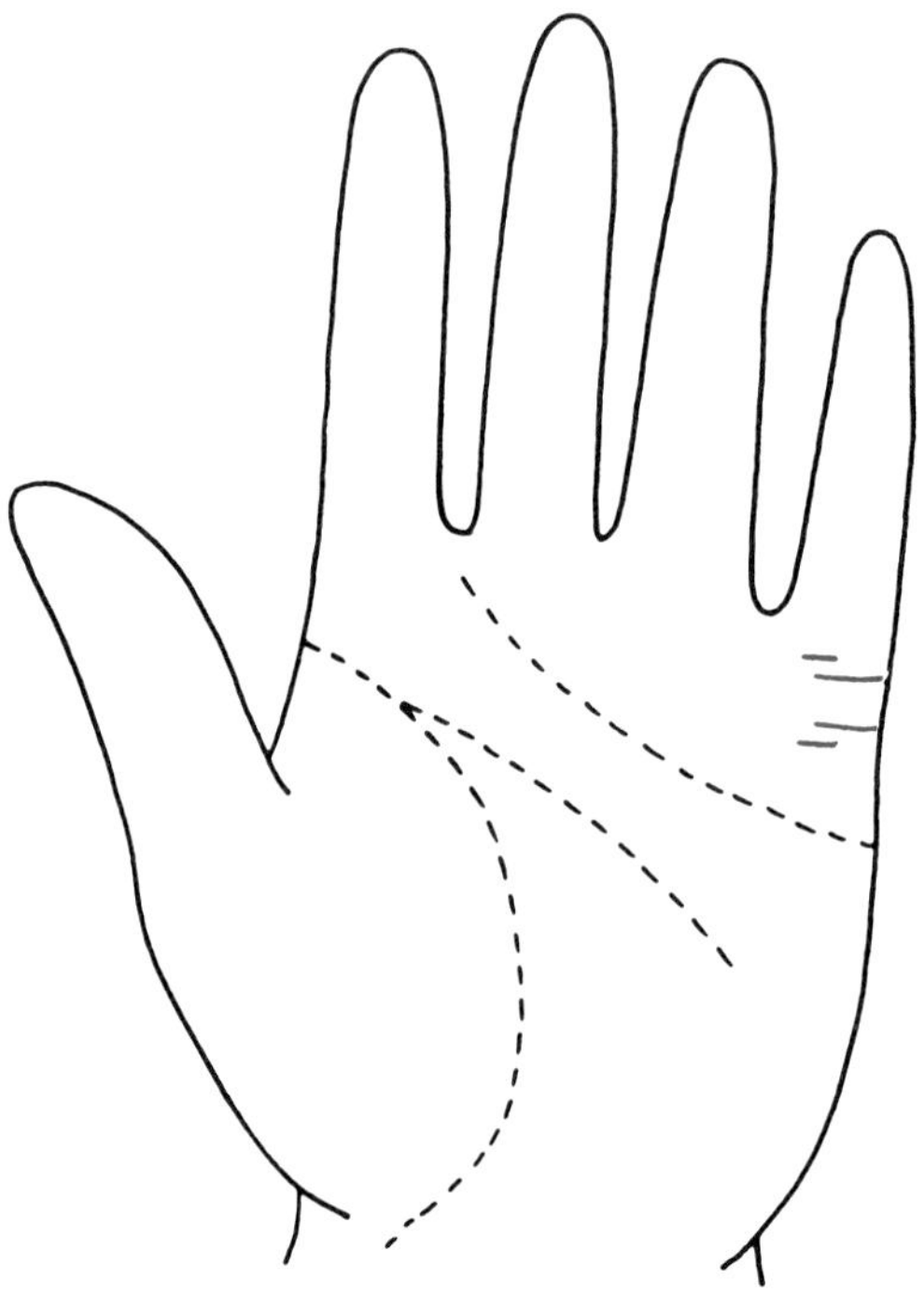

跳ね飛ばしたい、不幸な恋愛の印

さて、幸せな恋の印とともに、不幸を暗示する印もいくつかご紹介してきました。ここでもう少し、不幸印を見てみましょう。

不幸なことになりそうなのを事前に知るのは、人間ドッグのようなものです。手遅れになる前に予防する意味で、不幸印もどしどし知っておきましょうね。

さて、恋愛線です。感情線から金星丘に伸びてくる途中で、島型が出ている場合。これは、相当、悩む恋です。たぶん不倫でしょう。

不倫をするのは、恋愛線が生命線を通過する地点。その年齢のときは、要注意です。島が出ているということは、あなた自身がとても悩んだり、傷ついたりする証拠です。

次に、生命線の内側に出る影響線です。これが、生命線を通りぬけて外側に出ている場合、彼に裏切られそうです。他に好きな女性ができて、あなたはふられるのかも……。その年齢は、影響線が、生命線を通過する地点です。

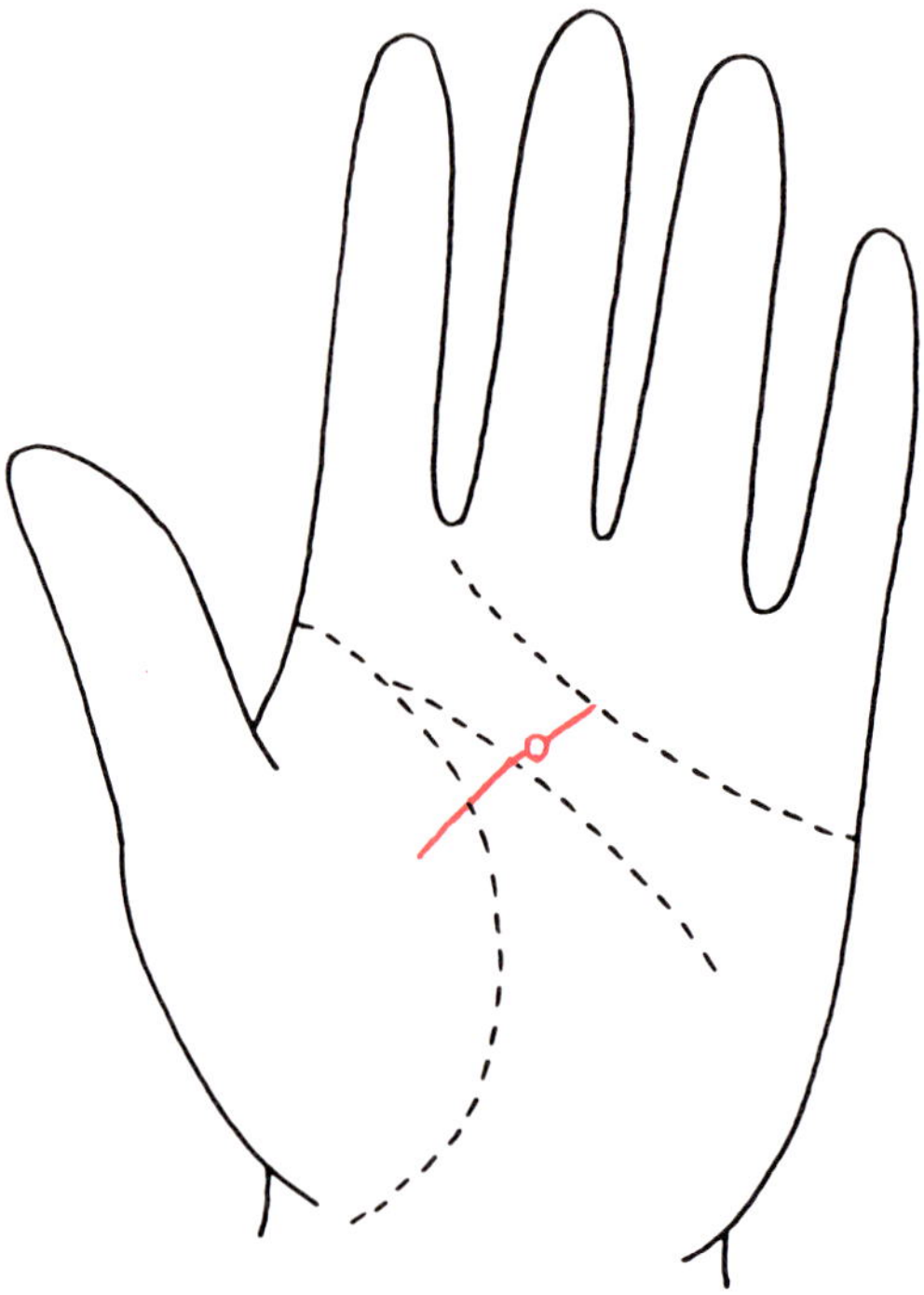

金星丘から出た横線が、影響線をストップさせているのは、親の反対にあう印。ふたりの恋愛は、ここまでです。

横線があっても、それを乗り越えて影響線が続いているときは、大丈夫。図のように、乗り越えた後、生命線にくっついているようなら、ふたりの愛は障害にも負けず、ますます絆《きずな》を深めるのでしょう。

ロミオとジュリエットみたいで、よけい燃えてしまうのかもしれません。きっと、周囲の反対を乗り越えてゴールイン、ということになりますよ。

影響線に島が出ている人は、この島が出ている年齢の間、彼のことで悩みが多そうです。

島型というのは、どこに出ても、何かの不幸な印です。結婚線から出るパイプラインに島がある場合も、離婚の危機。

それから、線を直角に横切る線も「障害線」と呼ばれ、あまりうれしくはない線です。

例えば、こんな手相を解読してみましょう。運命線に月丘からの影響線が流れ込んでいるのは、運命の彼に出会える印でした。ところが、ちょうどその流れ込んだ地点に、

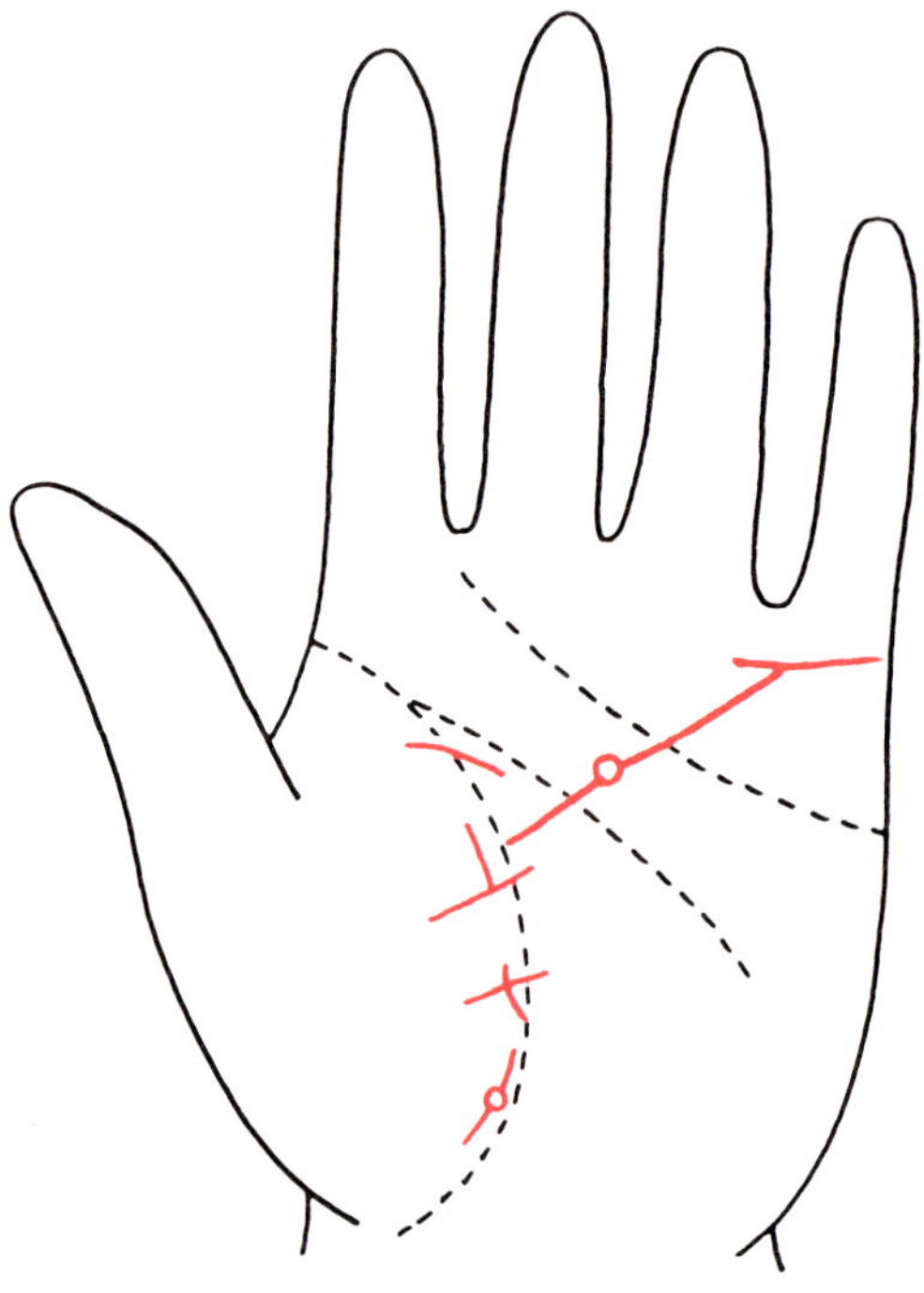

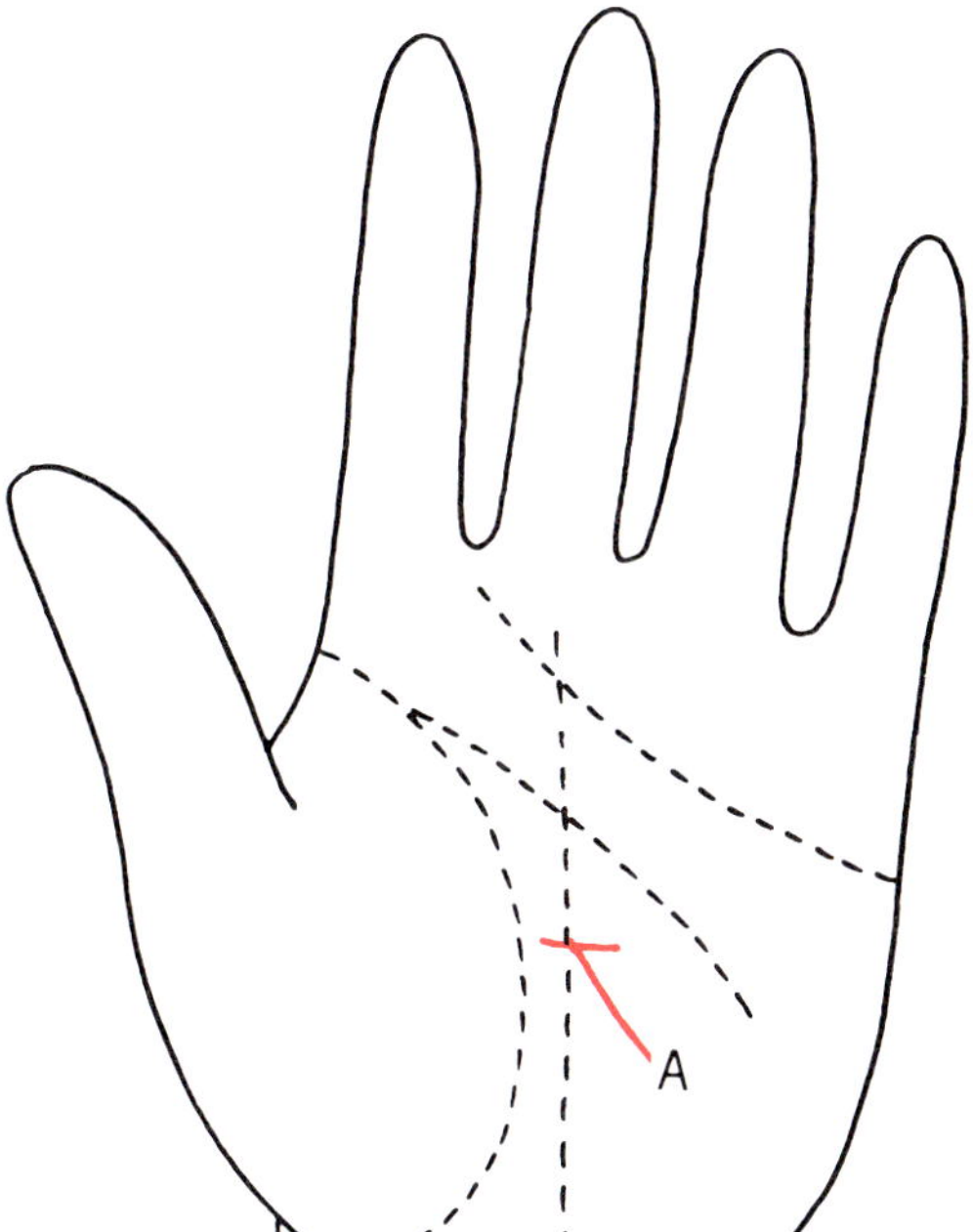
A

運命線を横切る障害線が……(A)。これは、せっかく出会ってはみたものの、その恋は実らず終わる、と読めますね。

けれども、あらかじめ、障害がありそうだとわかっていれば、手の打ちようもあります。予防策を打ってみてください。

それでも駄目なときには、さっさとあきらめる、立ち直りの早さも大切です。

障害線も太くて長いほど大きな障害ですし、薄かったり短いものは、それほど大きな障害ではありませんので、参考に。

次に、影響線が運命線をつっきっている場合(B)。これも、残念ながら、彼に裏切られそうです。結婚している人は、離婚になるかもしれません。

影響線が島になっているのも、もちろんよくありません(C)。やはり、あなたが悩み、傷つく証拠。不倫かもしれないし、彼の浮気癖に苦しむのかも……。気をつけましょう。

影響線が、運命線に流れこむ前に止まってしまっているのは(D)、結婚までいかずに冷めてしまう相です。

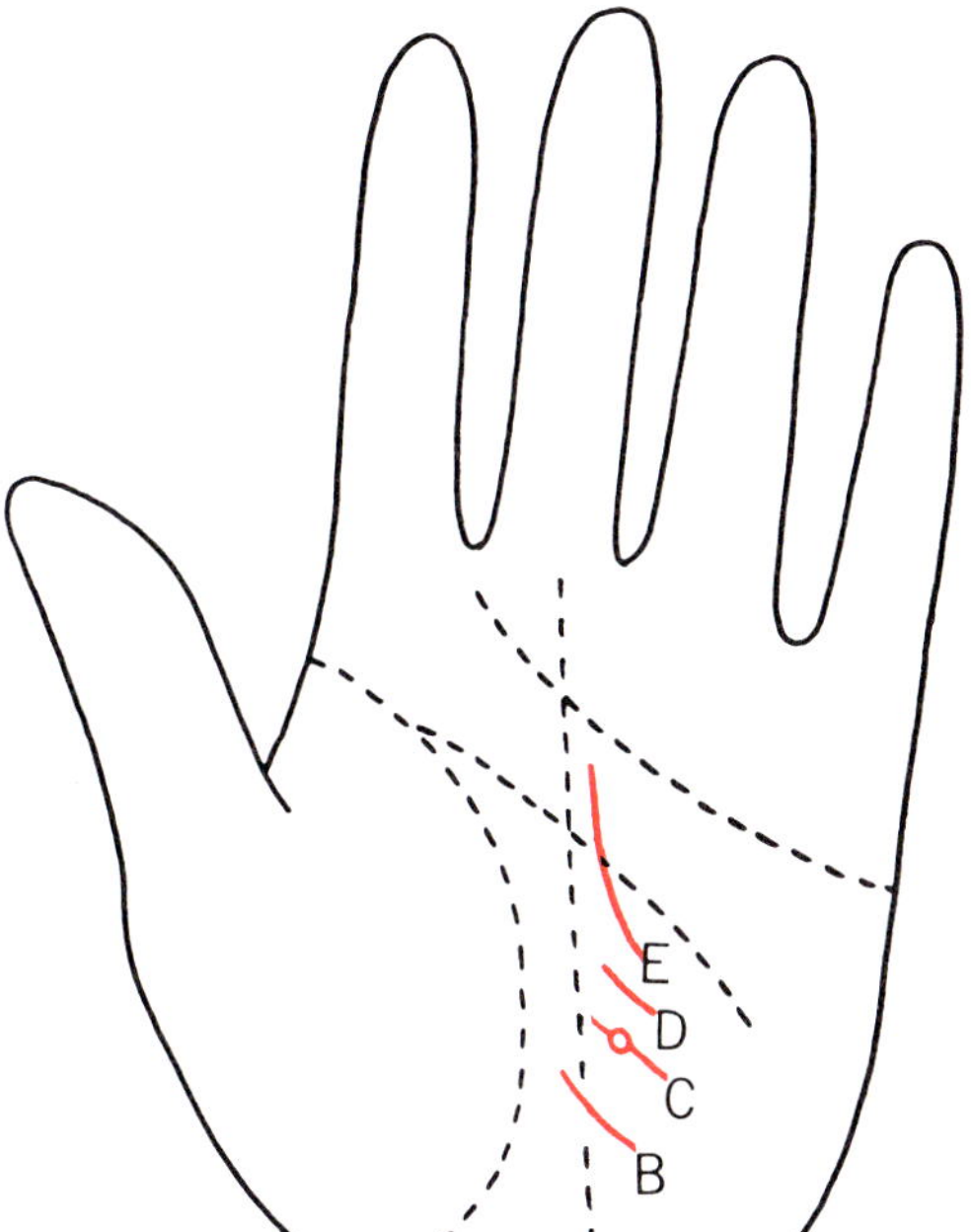
E
D
C
B

また、影響線が、運命線に近づいていって、その後合流しないで平行して上っているのは(E)、結婚しないで友達づきあいが続きます。

影響線が流れ込んだところで、運命線が島型になっているのはどうでしょうか（F）。影響線が流れ込んだということは、結婚の確率が高い。ところが、それと同時に島になっているということは、結婚によって苦労したり悩んだりする、という意味に読めますね。

どんなことで苦労するのかはわかりませんが、ただ文句ばかり言っていても始まりません。自分のことも反省してみましょう。きっと事態はよくなっていくはずです。

感情線に切れ目があるのは(G)、愛情が切れる印。結婚している人なら離婚も考えられます。

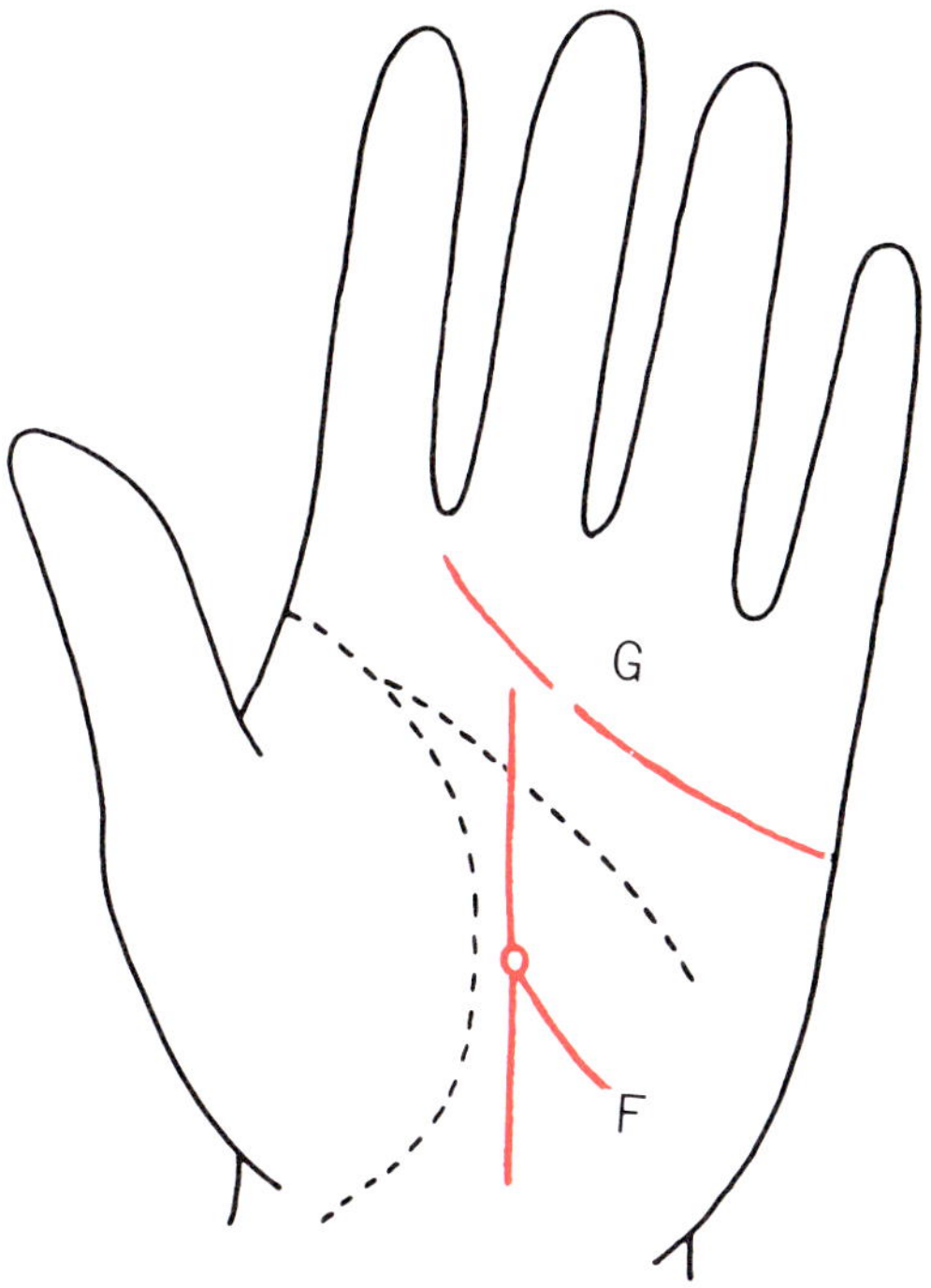
G
F

第三章

傾向と対策で「愛され運」は上昇する

手相で性格を知れば、恋愛はもっとうまくいく

第二章まで読まれて、いかがだったでしょうか？

あなたの手には、幸せな恋愛の印が刻まれていましたか？

それとも、不幸の印があって、がっかりしてしまったでしょうか。

けれども、どんな手相であろうと、幸せな恋愛ができないとあきらめる必要は、もちろんありません。幸せになる道は、必ずあります。

そこで、この章では、あなたが幸せな恋愛をつかむ方法を考えてみましょう。

ちょっと、あなたの今までの恋愛傾向を振り返ってみてください。

あなたは、いつも必ず同じようなことで失敗していませんか？

「私はまだ十代だし、そんなに何回も恋愛してないからわからないわ」

という方もいるでしょう。

そういう人も、恋愛以外のことで考えてみると、いつも必ずしてしまう失敗があるは

ずです。

「三キロも太って、今度こそやめようと思っても、アイスを見ると買ってしまう」とか、「忘れものをしないように手のひらにマジックで書いておいたのに、手のひらを見るのを忘れていた」とか。

人間の性格には癖があるんですね。髪の毛の寝癖と同じで、一度癖がついてしまうと、なかなか直りません。

恋愛のしかたにも癖があるものです。癖があったって、それでうまくいけばいいのですが、この癖にひっかかって、失敗することが多いんです。

気が強くて、よせばいいのにひと言多くて、その上自分から謝れないので、いつも駄目になってしまうとか、内気すぎてあとひと押しができないために、いつもライバルに取られてしまうとか。

でも、自分がいつも失敗する傾向がわかっていれば、対策の立てようがありますよね。

いつもライバルに取られてしまう人は、積極的な友達を持って協力してもらうとか、ひと言多い人は、フォローしてくれる気くばり型の友達を持つとかすればいいでしょう。

ですから、自分の癖を知っておきましょう。

「私は、こういうタイプなんだわ」

「こういうときに、こういう行動をする傾向があるんだわ」

ということを、自覚しておくだけで、ずいぶん違います。

ひと言多いとよく自覚していれば、やりそうになったら、

「あ、いけない。これが失敗のもと」

と、言う前に気がついて、うまくいくようになるかもしれません。

寝癖ほど簡単にはいきませんが、性格の癖だって、直そうと思えばきっと直ります。

幸せな恋愛の印がある人はもっともっと幸せに、そうでない人はなんとか幸せな恋愛の印が早く出てくるように、手相改善のための具体的テクニックを考えてみようというわけです。

それぞれの項目には、「ワンポイント相性」をつけましたが、これはあくまで、「こんな手相の人がけっこういいんじゃないかな」という予想です。

つきあっている彼が、その手相じゃないからといって「相性が悪いんだ」なんてがっ

かりしないでくださいね。手相は、いろいろな線を総合判断しなければなりませんから、相性だって総合判断。あくまでワンポイントアドバイスです。

それに、相性なんてどうにでもなるものです。ふたりで努力してあわせていけばいくほど、あなたの運もよくなるはずですよ。

あなたは情熱家かクールな理性派か？

まずは、感情線で、あなたがどんなタイプの感情を持っているか見てみましょう。
大きくわけて、二つ。情熱にあふれるタイプか、感情をコントロールできるタイプか。
あなたはどちらか、次のチェック項目でチェックしてみてください。
①感情線の長さを見てください。人差指と中指の間くらいまでが普通です。
この長さの人は、愛情の持ち方も、わりあいバランスがとれています。
標準より長い感情線を持っている人は、感情のエネルギーが普通より多いんですね。
つまり、情熱家です。
そして、標準より短い人は、理性派です。
②次に、感情線のカーブを見てください。急カーブでグーンと上に盛りあがっている人
は、感情も盛りあがりやすい人。やはり情熱家タイプです。
反対に、カーブがほとんどなくて一直線の人は、理性派。

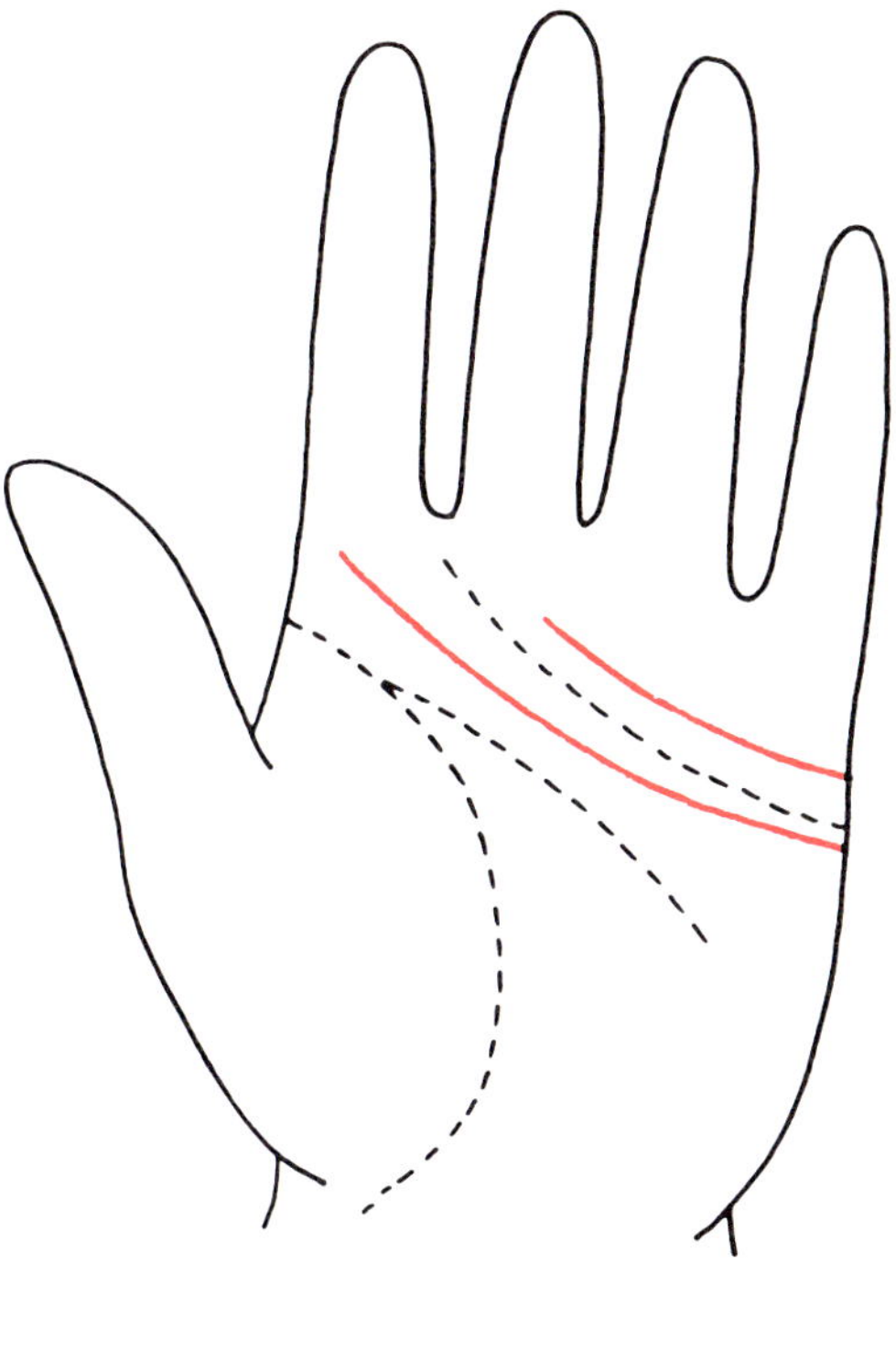

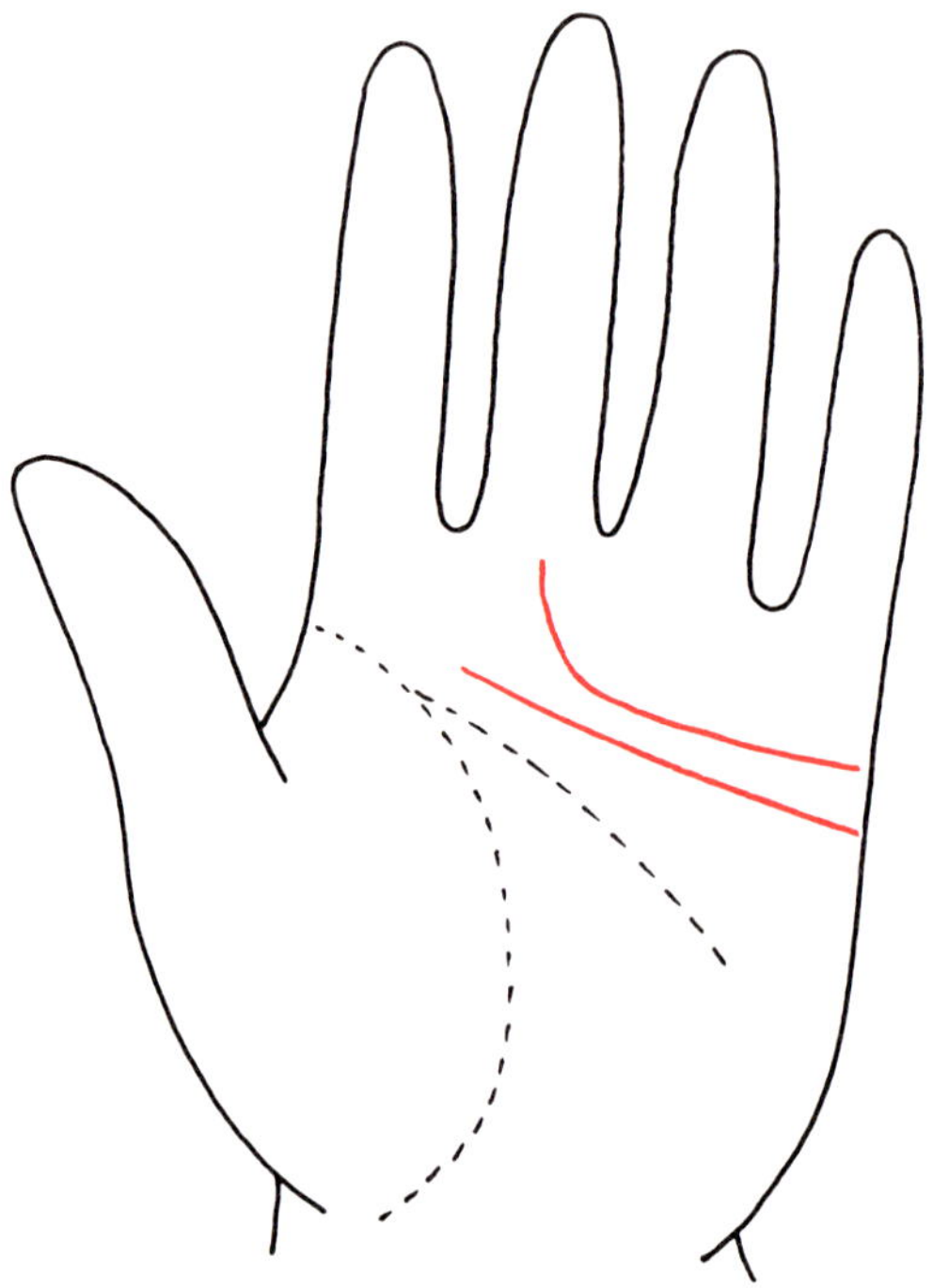

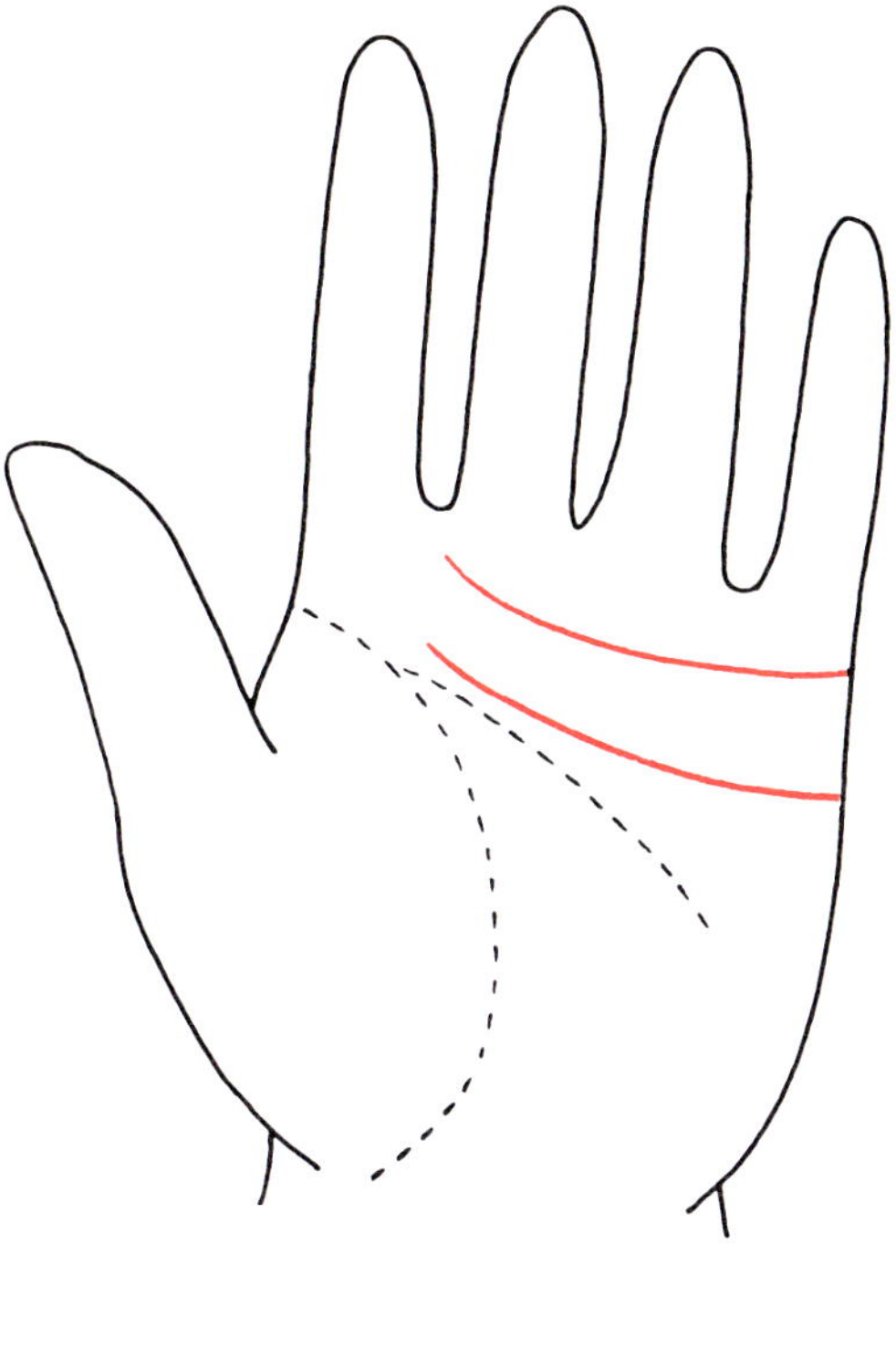

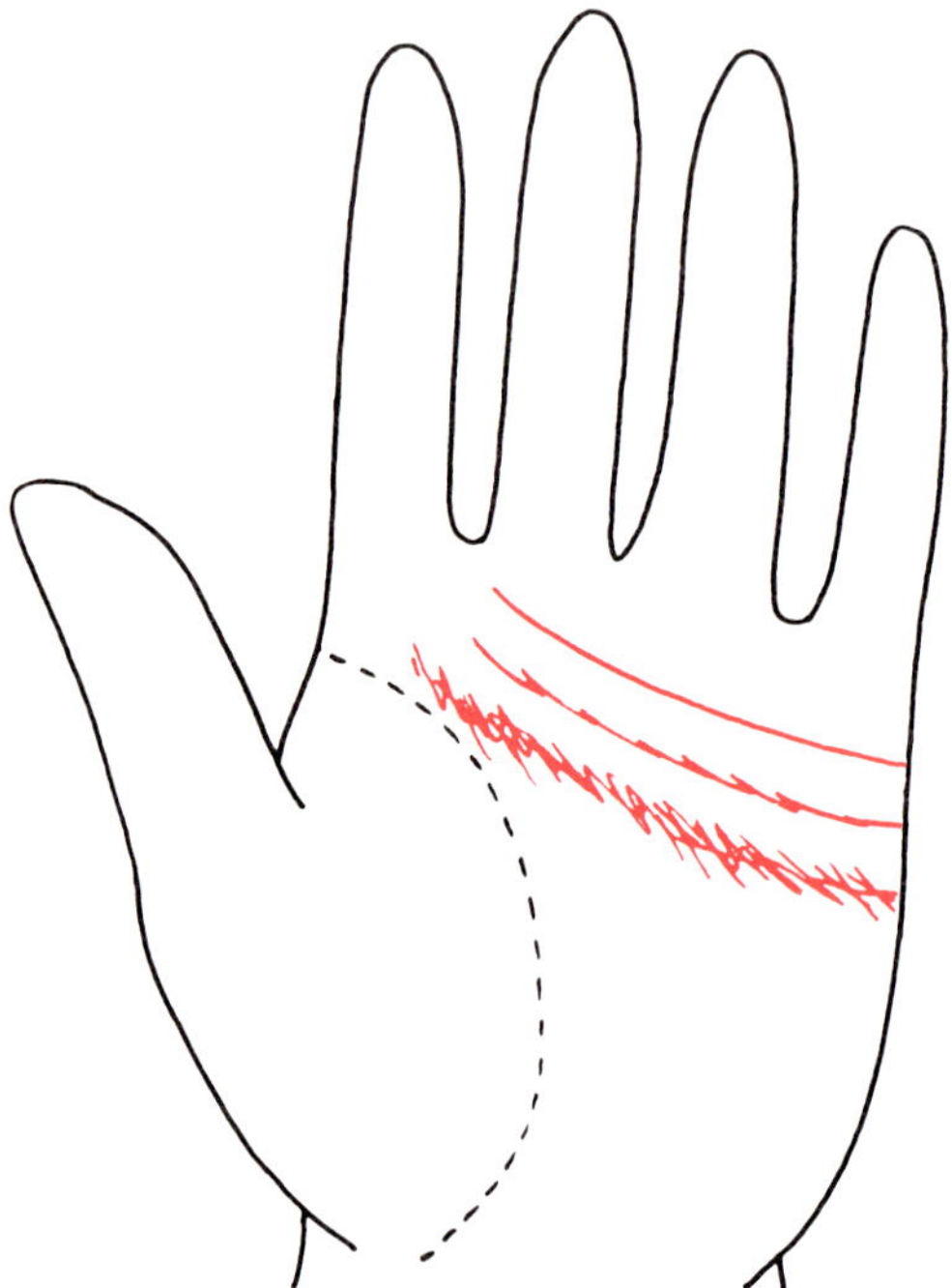

③感情線が走っている位置も見てみましょう。指のほうに近い、上を走っている人ほど情熱家です。知能線近く、下を走る人ほど理性派。

④感情線の乱れぐあいはどうでしょうか。一本だけ、きれいに伸びている人は、理性派です。

多少乱れているのが一番普通の感情線。他の線はあまり乱れていないほうがいいのですが、感情を表すこの線だけは、多少乱れていたほうが人間味があっていいでしょう。むちゃくちゃに乱れている人は、情熱家タイプです。

四つのチェック項目、調べ終わりましたか？　あなたは、情熱家タイプだったでしょうか、理性派だったでしょうか。

どちらにもあてはまらない、標準だったという人は、とりあえず、情熱問題に関してはバランスがとれた人です。

情熱家タイプの人の恋愛は?

情熱家タイプの手相にあてはまったあなた。あなたの恋愛運は次のような感じです。

思い込んだら命懸け、寝ても冷めても一日中、その人のことしか考えられません。好きになるのも早くて、ひと目ぼれタイプ。だいたい、いつも誰かに恋してます。

とても感情が豊かで、愛情深いですから、男性から見たらかわいい女性ですよ。きっとモテるでしょう。彼にも十分愛されて、うまくいっている間は、とてもいい恋人なのです。

けれども、情熱家のあまり、「恋多き女」となり、次々と恋愛を繰り返す。

「私もさすらってばかりいないで、そろそろ永遠の愛を見つけたいわ」

と思っていらっしゃるかもしれません。

また、好きになったら、妻がいようが、子がいようが関係ありませんから、不倫にも走りやすいタイプです。情熱が道徳を吹きとばしてしまうようです。

彼に、他に好きな女性がいても、ふられても、絶対あきらめません。いつまでも執念深く想い続けます。こうなると、男性にとっては、ちょっと怖いタイプかも。

あなたの場合、自分の感情におぼれて、まわりの状況が見えなくなってしまうのが、欠点なんです。

ですから、まわりで客観的に見てアドバイスしてくれるお友達を持って、その人の言うことに耳を傾けるのが、恋の失敗を避けるひとつの方法でしょう。

いつも冷静沈着、という人がまわりにいたら、ぜひ話を聞いてもらいましょう。

そして、そのありあまる情熱を、恋愛以外のことにも向けるといいでしょう。恋愛のことしか考えていないと、のめり込んで、あらぬ方向に走ってしまうのです。ときめくことが他にあれば、恋のほうはひとりでに落ち着きます。

情熱を傾けることが見つかったらとてもがんばる人ですから、何をやっても、きっとものになりますよ。危ない、と思ったら情熱分散。恋だけでなく、仕事、趣味などにも燃えてください。

それから、やきもちやきの人が多いようです。なぜ、やきもちやきなのかというと、自分が浮気っぽいからなんですね。人一倍情熱量の多いあなたは、すぐ人を好きになってしまいます。彼がいても、本当は他の男性にも興味があるでしょう？

だから、彼も自分と同じように考えてしまって、「浮気してるんじゃないか、他の女性に興味を持ってるんじゃないか」と思う。でも、あまりやきもちをやかれると、男性はうっとうしくなって、よけいあなたから離れたくなってしまいます。

「彼が、他の女性に興味を持ってるんじゃないか」

と思えてしかたないときは、

「私が他の男性が気になるから、彼もそんなふうに見えるんだわ」

と反省して、少しその嫉妬心をおさえましょう。そのほうが、彼との仲がずっとうまくいくはずです。

ワンポイント相性

感受性豊かなあなたは、あまり単純な人が相手だと、つまらないはずです。金星丘に縦横の線が格子状に入っている人は、とても愛情が細やか。そんな男性が相性がいいと思いますよ。それから、恋愛以外の世界を教えてくれる人、あなたの世界を広げてくれるような人をおすすめしたいと思います。

例えば、好奇心にあふれ何にでも挑戦し、いろいろなことをよく知っている物知りな人。手相でいえば、後ほどの章に出てきますが、多才な二重知能線の人。

また、知能線から下向きの短い支線が何本か出ている人も、たくさんの才能を持ったマルチな人です。知能線から上向きに支線が出ている流行最先端人間もいいですね。

クールな理性派の恋愛は？

あなたは、感情におぼれて何がなんだかわからなくなってしまうということがありません。いつも冷静に自分をコントロールしていて、はめをはずさない。

人前でワーワー泣いてしまったり、嬉しいことがあってもキャッキャとはしゃぐ、というタイプではないんですね。

男性とつきあうのにも、ちゃんとまわりの状況も見ていますし、頭の中ではしっかり計算しています。「恋は盲目」なんて言葉は、あなたの辞書にはないでしょう。

酔った勢いで盛りあがって、好きでもない人と一晩を過ごしてしまった……、なんて失敗とも無縁。やたらと道を踏みはずして不倫をするなんてことはありませんし、落ち着いていて頼もしいですから、男性にとってもいいパートナーになれる人でしょう。

ただ、ちょっと「冷たい人」という印象があります。みんなが「ワーッ！」と盛り上がっているのに、ひとりで、

「ふ～ん、それがどうしたの？」

なんてシラッとしていたら、打ちとけませんよね。

恋がうまくいかないという人は、そんなところが原因になっていることが多いのではないでしょうか？　彼だって、あなたがいつも落ち着きはらって、甘えてもくれないのでは、物足りません。

「キミはひとりでも生きていける女性だ」

とか言って、去っていってしまうでしょう。

もうちょっと、感情表現をおおらかにするともっとモテるようになります。

恋愛映画を見たり、音楽にどっぷり浸ったりしてみてはどうでしょう。

恋が始まりにくいのも、あなたの欠点です。恋なんて、ひょんなきっかけから始まるもの。あんまりいつも、計算どおりの行動をしていたのでは、恋に陥る暇がないんですね。

せっかく、いい雰囲気になりそうかな……というときに、

「私、明日は会社が早いので、このへんで」

なんてさっさと切り上げて帰ってきてしまったのでは、彼もとりつくしまがないでしょう。

あなたの場合、ときには感情に身をまかせるのもいいものだわと思って、少し予定外の行動をしてみてください。それが恋に結びつくかもしれません。

いつも一本調子では、恋もドラマになりません。やはり山あり谷あり、いろいろあってこそ、ふたりの仲も堅く結ばれていくのですから。

ワンポイント相性

同じ理性派とは、わかりあえて相性もいいのですが、ちんまりとまとまって、おもしろみのないカップルになってしまうかもしれません。

ここは一発、あなたの理性の壁を打ち破ってくれるくらい、むちゃくちゃなパワーを持った人とつきあってみるのをおすすめします。

運命線が手のひらの下から上までグーンとまっすぐはっきり伸びていて、感情線は情熱家タイプ。「好きだ、好きだ、大好きだぁー！」とあなたにせまりまくるような人です。

彼がはめを外したときには、「バカみたい！」などとバカにせずに、あなたの理性でフォローしてあげましょう。

なかなかはめを外せないあなたにかわって、彼が外してくれているのだと思ってください。きっとお互いに補いあっていいカップルになれますよ。

あなたは尽くし型？

感情線の先端が、人差指と中指の間に入り込んでいる人がいます。

この相は、好きになった人に、介々しく尽くす人です。

情熱家タイプの人も尽くすことは尽くすのですが、熱しやすく冷めやすいところがあります。けれども、この「尽くし型」手相の人は、ひとりの人を愛し続けるんですね。

感情と理性のバランスも、なかなかいいようです。彼の気持ちも考えずに尽くしすぎていやがられることはないでしょう。

彼がいる人は、彼の感情線がこのタイプかどうか見てください。この相だったら、浮気もせずに、よき夫よき父となってくれる人。家庭を大事にします。

ワンポイント相性

あなたは、相手がどんな人でもあわせていける賢い人です。素晴らしい彼さえ見つけ

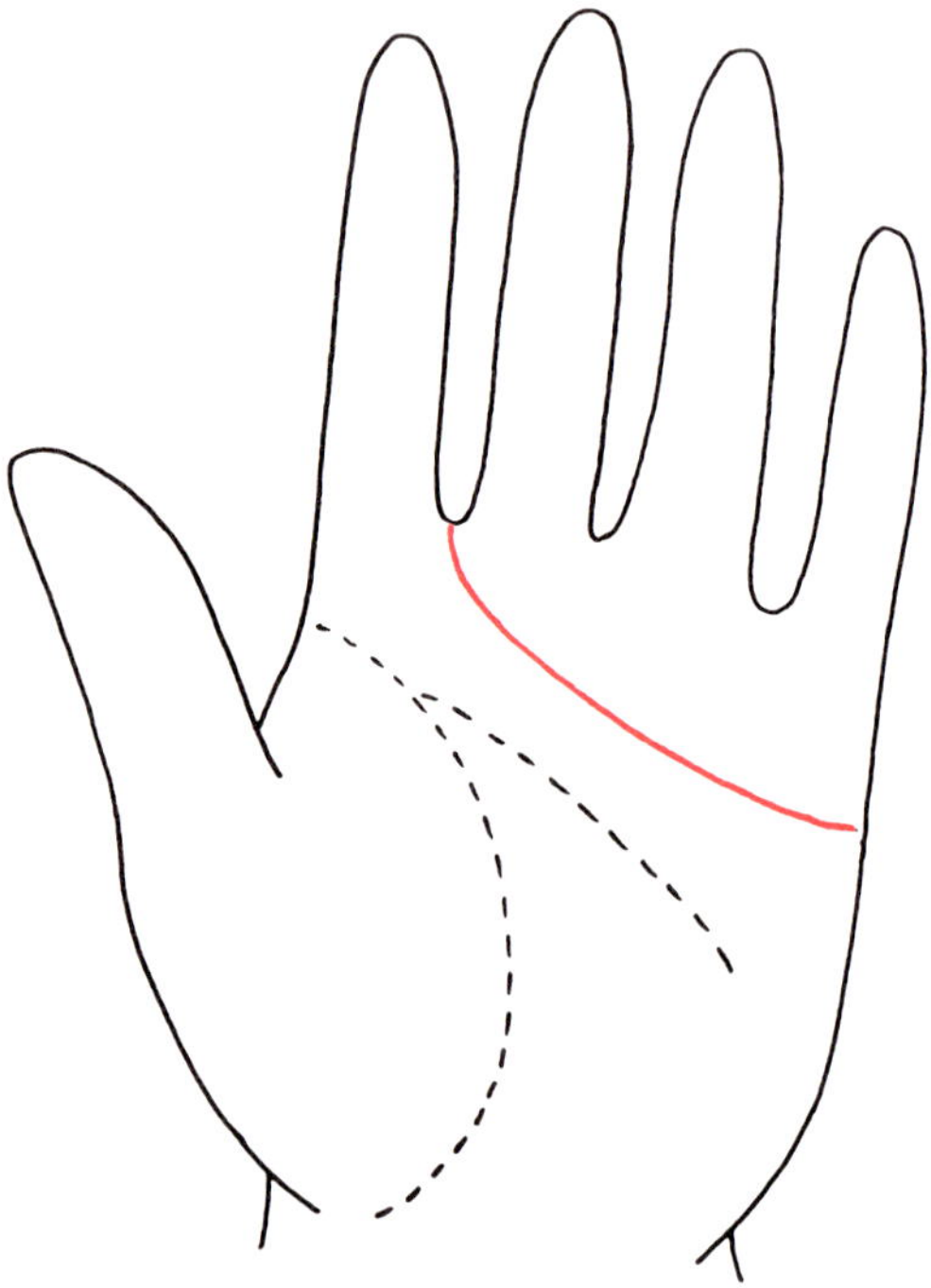

れば、ずっとその人と仲よく幸せに暮らしていけますよ。悪い男に引っかからないで、ぜひいい人を見つけてください。

あなたはお人よし？

感情線の先が下向きになっている人は、思いやりがあって、とてもやさしい人です。友達の悩みごとでも、まるで自分のことのように心配したり、励ましたり、いっしょにいるとなんだかホッとする、暖かい人。

涙もろくて、感動的な話を聞いたりすると、ついホロリ。こんな人間味あふれるところが、みんなに愛されます。

感情線から、下向きに一、二本支線が現れている人も、下向き感情線と同じ意味です。この支線が何本も出ているようだと、ちょっと浮気っぽい。すぐに人のいい点を見つけてほめあげたり、誰とでも仲よくなれるのはいいのですが、あまりにも誰とも仲よくなれるので、ひとりに決められないんですね。

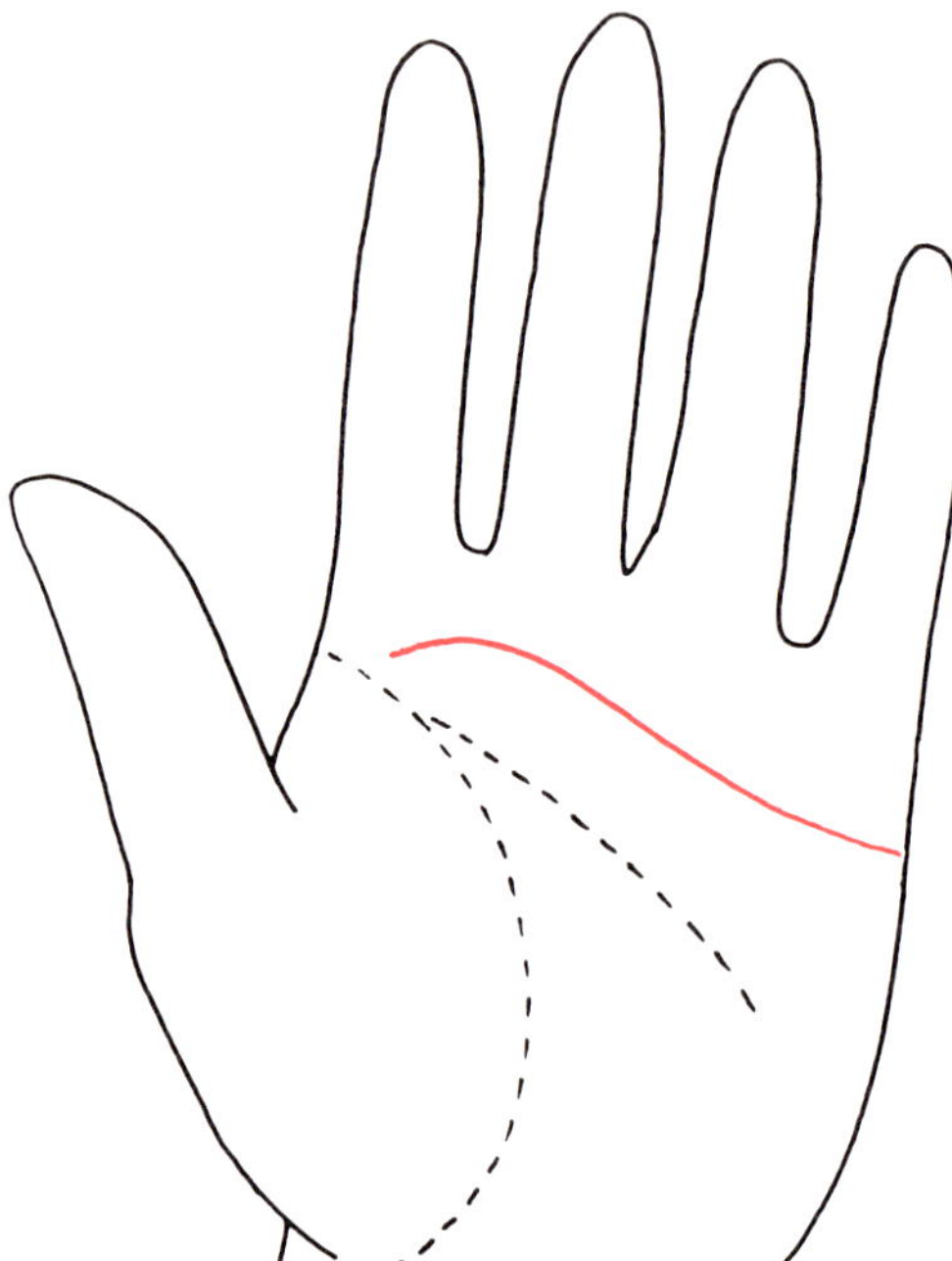

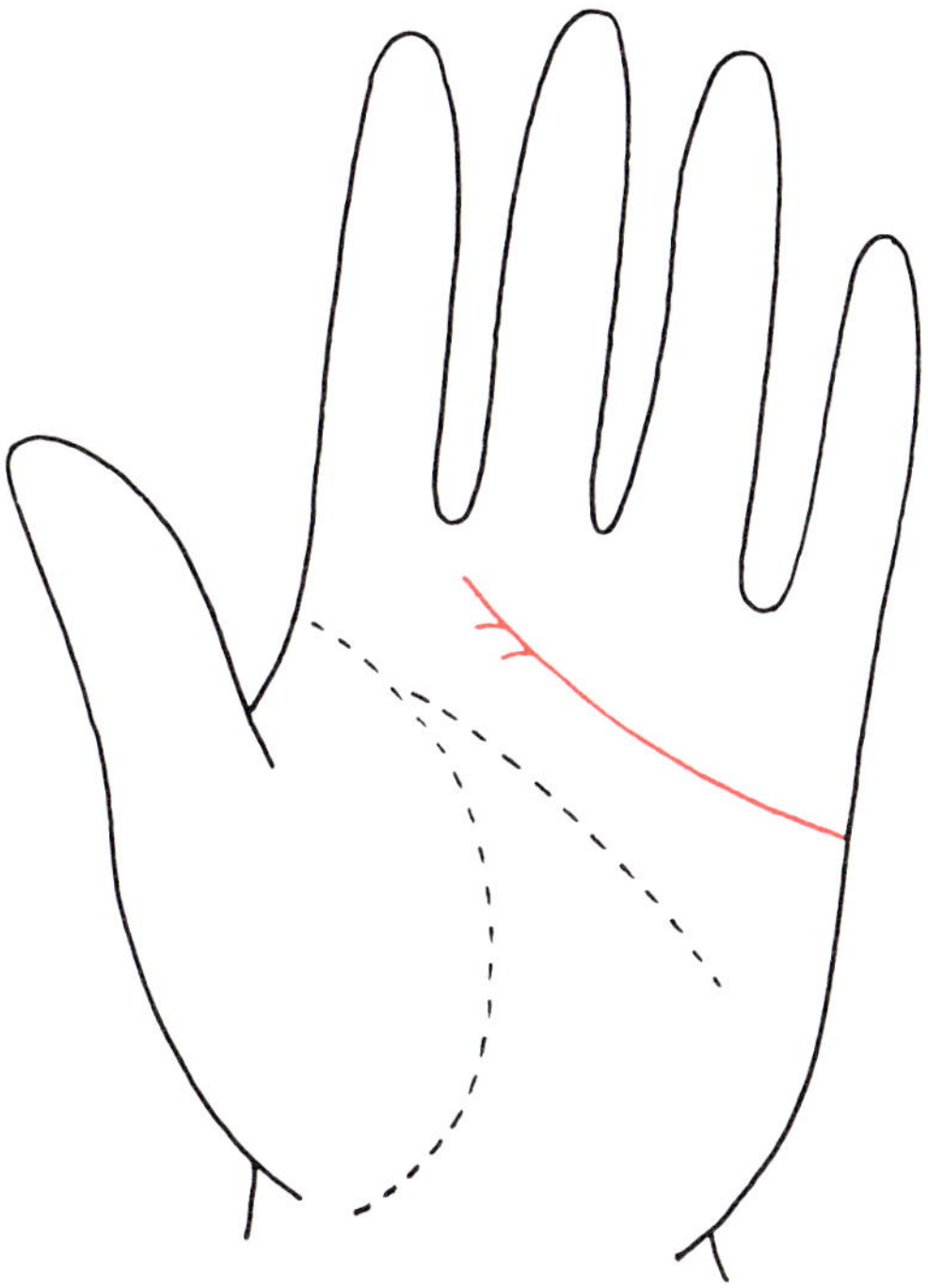

そうそういつまでもモテるものではありません。結婚したいのなら、適当なところで「この人」と決めましょう。

ワンポイント相性

ちょっとお人よしなところが、心配といえば心配。あまりいい人すぎると、悪い男性がだまそうと寄ってくるかもしれません。

運の強い、すっきりした運命線を持っているような男性、生命線・知能線・感情線の基本の三本線がはっきりした男らしいタイプの男性を見つけて、守ってもらうといいでしょう。

ふたりの人を愛せるか⁉

結婚運のところでもお話ししましたが、感情線が二本ある人がいます。

感情を表す線が二本あるわけですから、二重人格者⁉　と予想される方もいらっしゃるでしょう。確かに、そういう傾向があります。

でも、決して悪いことではありません。むしろ、ひとりでいろいろな面を兼ね備えていて、有能な人であることも多いのです。「大胆だけど、細かいところにもよく気がつく」とか「情熱を秘めているけど、冷静なところもある」とか。

最初から二本ある人は珍しいんです。人生いろいろ苦労しながら、障害を乗り越えて明るく生きてきた人に、二本目が出てくることが多いようですね。

だから、この相の人は、少しくらい辛いことがあっても、二本の感情線でバンバンと跳ねのけてしまいます。

こんなふうに、「なかなかやるな」という人なのですが、それだけに恋のほうもなかかな

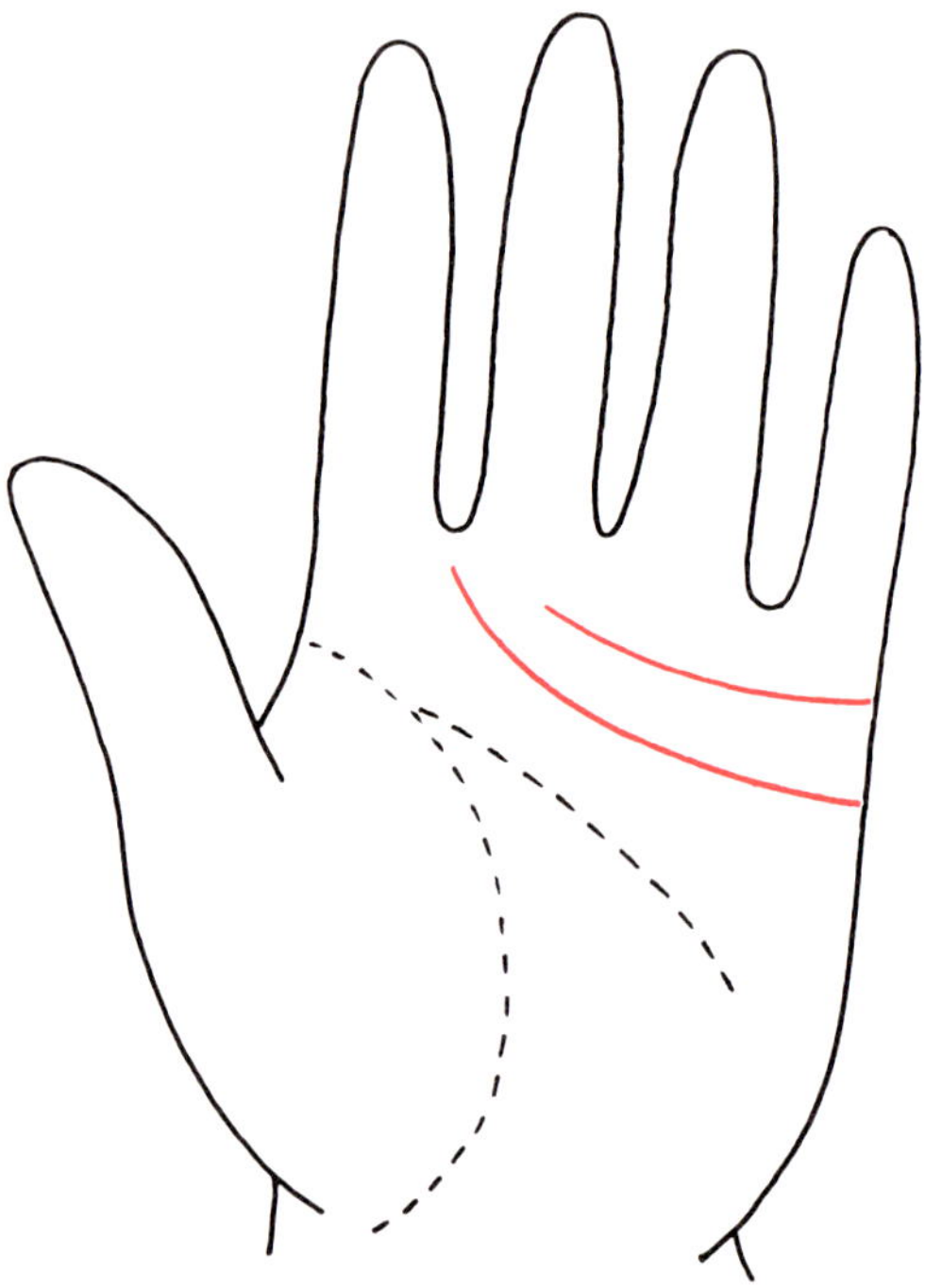

かやってしまう人です。結婚していても愛人を作るとか、二回結婚するとか、まず、平和に一度では済まないでしょう。愛情運である感情線が二本あるのですからしかたのないことです。

彼が、この二重感情線の持ち主なら、要注意。あなたのほうも、彼をあきさせないくらいの幅広い人間性を持った女性にならないと、長続きしないでしょう。他に愛人を作ったりする可能性も大です。

ワンポイント相性

この相を持った人は、自分がひとりでさまざまな面を持っているだけに、相手がひとりでは物足りないのです。ひとりの彼に落ち着きたいのなら、彼も二重感情線を持っているとか、二重知能線を持っている人だといいでしょう。彼のほうも、さまざまな面を持っていて、ちゃんとあなたを受けとめてくれるでしょう。

大胆なアプローチができるタイプ

さて、次は知能線を見てみましょう。知能線でも性格がわかるので、どんなタイプの恋愛をするか、予想ができます。

まずは、知能線の出発点を見てください。生命線とくっついて始まっている人が一番多いでしょう。

離れたところから始まっているあなたは、とても大胆な人です。行動力がありますね。恋愛も、けっこう積極的。彼がほしいと思ったら、友達に頼んだり、あちこちにでかけたり、ちゃんと具体的な行動がとれる人です。

もちろん、好きな人ができたときも、いつまでも心の内に秘めて想い続けるだけ、ということはありません。

自分からデートに誘ったり、あっけらかんと、

「好きなのよ」

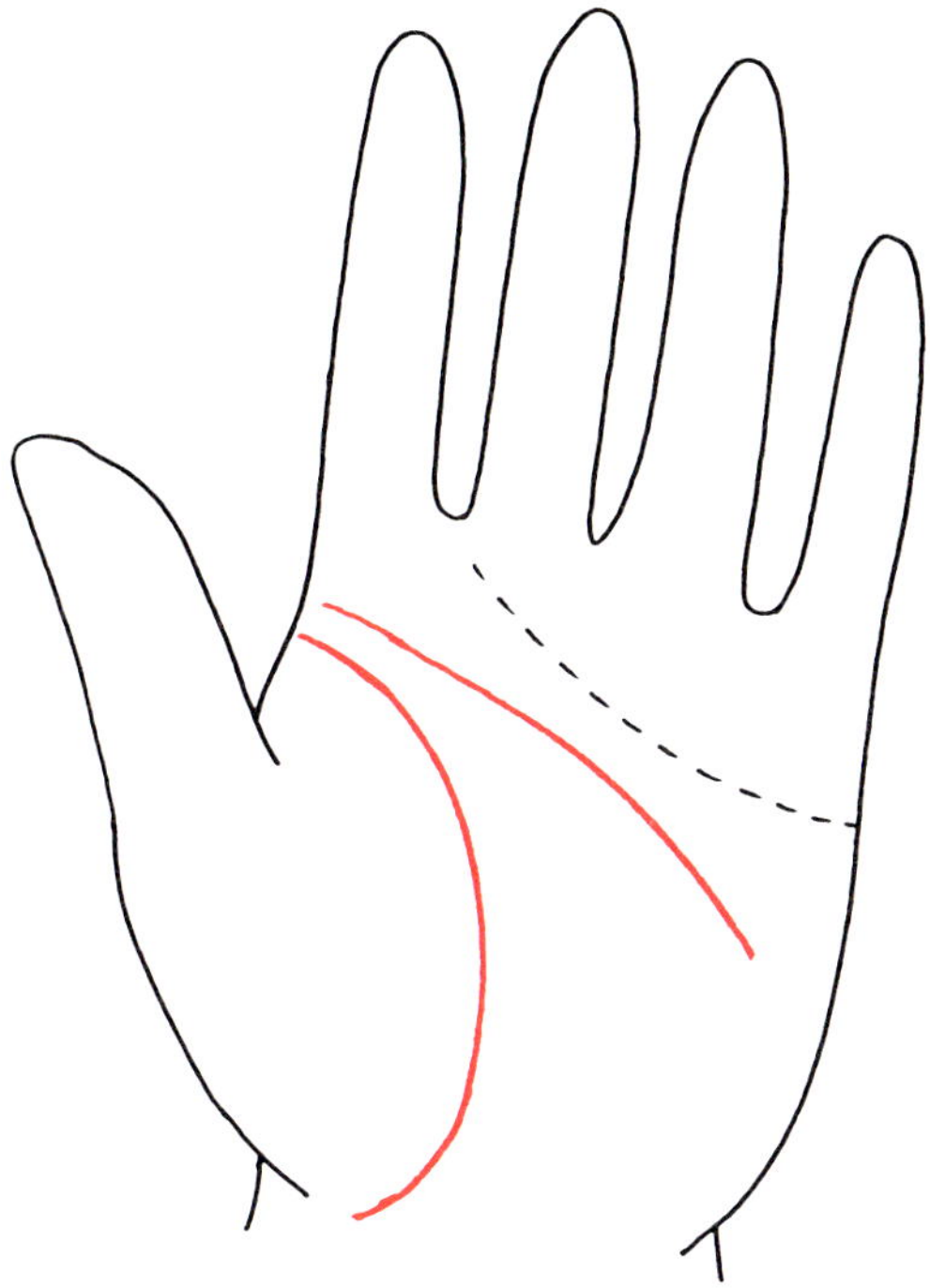

と告白できてしまうでしょう。消極タイプの人から見たら、うらやましいかぎりです。また、たとえ結果がダメだったとしても、立ち直りが早いのです。

「ま、しょうがないわね。次に行こう、次に」

というくらいなものです。

ですから、次々と勇敢なアタックができるんですね。

始まりが生命線と離れていればいるほど、こういう傾向が強くなります。一センチくらいも離れている人は、そうとう大胆です。大胆すぎて、ちょっと他人にはついていけない行動を起こすこともあります。

あなたの場合、繊細で、よく気がつく面も兼ね備えていればいいのですが、そうでないと、人をふり回してしまうことになります。特に、思っていることをはっきり言えないような人は、あなたの傍にいると、我慢していることが多いかもしれません。

自分の行動が、周囲をふり回していないかどうか、ときどきふり返ってみてください。

恋愛面でいえば、瞬発力はあるのですが細かいツメがちょっと甘いといった感じでしょう。

大胆に告白されたり、誘われたりするのは男性もうれしいですし、インパクトは強いのです。でも、やはり男性は、女性にやさしい気遣いや細かい心配りを求めるものです。おつきあいが進むうちに、そういう面も見せるようにすると、もっと愛されるようになるでしょう。

ワンポイント相性

知能線でいえば、あなたと同じ離れ型の人だと、どちらも大胆でむちゃくちゃなカップルになること間違いなし。型破りです。

それはいいのですが、あまりに落ち着きがないという人は、慎重なくっつき型の人を選ぶといいでしょう。あなたがちょっと先走りすぎるときには押さえてくれますし、彼が積極的に動けないときは、あなたの行動力が役に立つはずです。

憶病なタイプ

知能線が、生命線の途中から出発している人もいます。この人は、離れ型の人とは反対に、とても慎重です。

何か行動する前に、いちいち「ああしたらこうなるかしら」「こうしたらよくないかも」とさんざん考え、考えても考えても、なかなか行動ができないタイプです。

恋も、いつも受け身形。自分から告白するなんて、とてもとてもできません。

「ふられるんじゃないか」

「迷惑なんじゃないか」

と考えてしまい、結局、ただ片想いを続けるだけで終わってしまう人が多いでしょう。

あなたの、そんな控えめなところがいい、と思ってくれる男性は必ずいます。ただ、何しろあなたが消極的なので、なかなか話が進まない。これではもったいないですね。

恋なんて、きっかけは些細なことなのです。それまで何とも思っていなかった人でも、

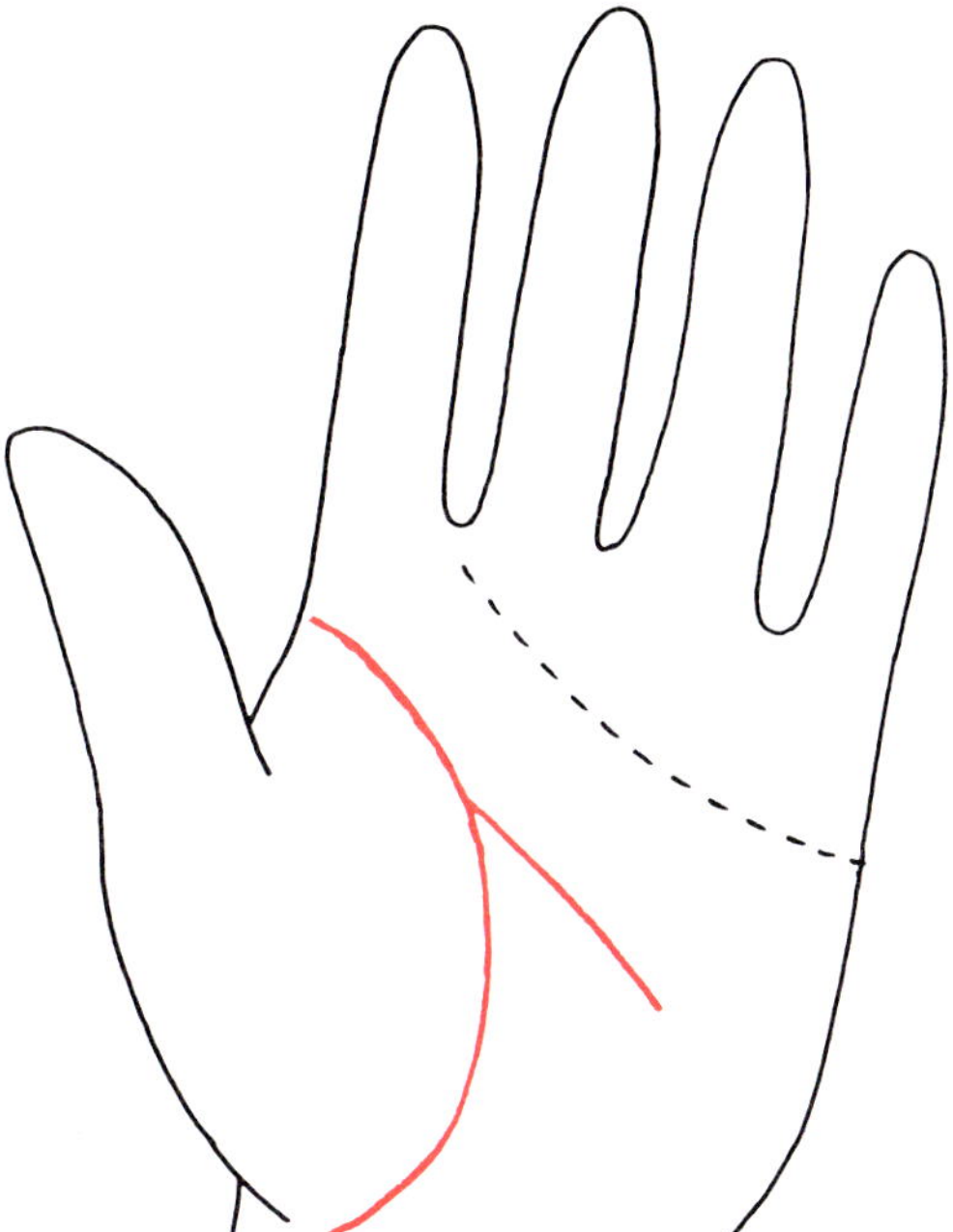

自分に好意を持ってくれる人には、多かれ少なかれ、自分も好意を持つものなんです。

あなたは、いつも控えめで目立たなくしているので、彼の目に留まっていないかもしれませんが、あなたが彼のことを好きだとわかれば、彼もあなたに興味を持ってくれることは、間違いありません。

「駄目なんじゃないか」

と結果を恐れて行動に移せないあなたの気持ちもよくわかります。

「悲しい思いをするくらいなら、今のまま片想いしているほうが楽しい」

のかもしれません。

けれども、やってみたら、案外うまくいくかもしれないですよ。

「女性のほうから誘ってくれないかな、誘ってくれたらうれしいな」と思っている男性もいるはずです。

あなたは、すぐに失敗の場面ばかり思い描いてしまうタイプのようですが、あなたが思っているより、現実のほうが、ずっと成功率が高いのです！

こんなにはっぱをかけると、あなたのことですから、またまた、

「わたしはどうせ臆病ものなのよ……」

と、シュンとしてしまうかもしれません。まぁ、ちょっと待ってください。

自分でできなければ、周囲の人に協力してもらえばいいんです。世話好きで行動力があって信頼できる友達に打ち明けて、なんとかひとつうまくやってもらいましょう。

ワンポイント相性

あなたは、たぶん、パッと華やかで人目を引く、みんなの中心になっている男性を好きになることが多いでしょう。自分と正反対の彼に憧れるんですね。

手相でいえば、運命線や太陽線がくっきり出ている、強い運を持ったタイプの男性です。とてもモテる彼なだけに、自信がなくてよけいに気持ちも伝えにくいのでしょう。

でも、彼のような人とつきあえば、あなたももっと自信がついてくるはずです。思いきってアタックしてみてください。

たとえ結果が駄目でも、やったんだというだけで自信がついて、きっと次にまた素敵な人が見つかり、うまくいくはずです。

じっくり相手を選ぶタイプ

今度は、知能線の長さを見てみましょう。だいたい、薬指の下あたりまでが普通の長さ。これより長い人は、とても考え深い人です。

恋をするにも、ひと目ぼれでつっ走るということは、あまりないでしょう。

「あ、いいな」

と思っても、それから先が長い。彼の性格、将来性、さまざまな面を検討して、「よし」と判断してから行動です。

結婚ともなると、さらにじっくり考え抜くでしょう。

「この人と結婚すると、彼はこういう性格で、私はこうで、お互いの仕事がこうだから、こんな結婚生活になるわね」

「この人と結婚した場合は……」

と、それぞれのパターンをこと細かにシミュレーションしてしまいます。

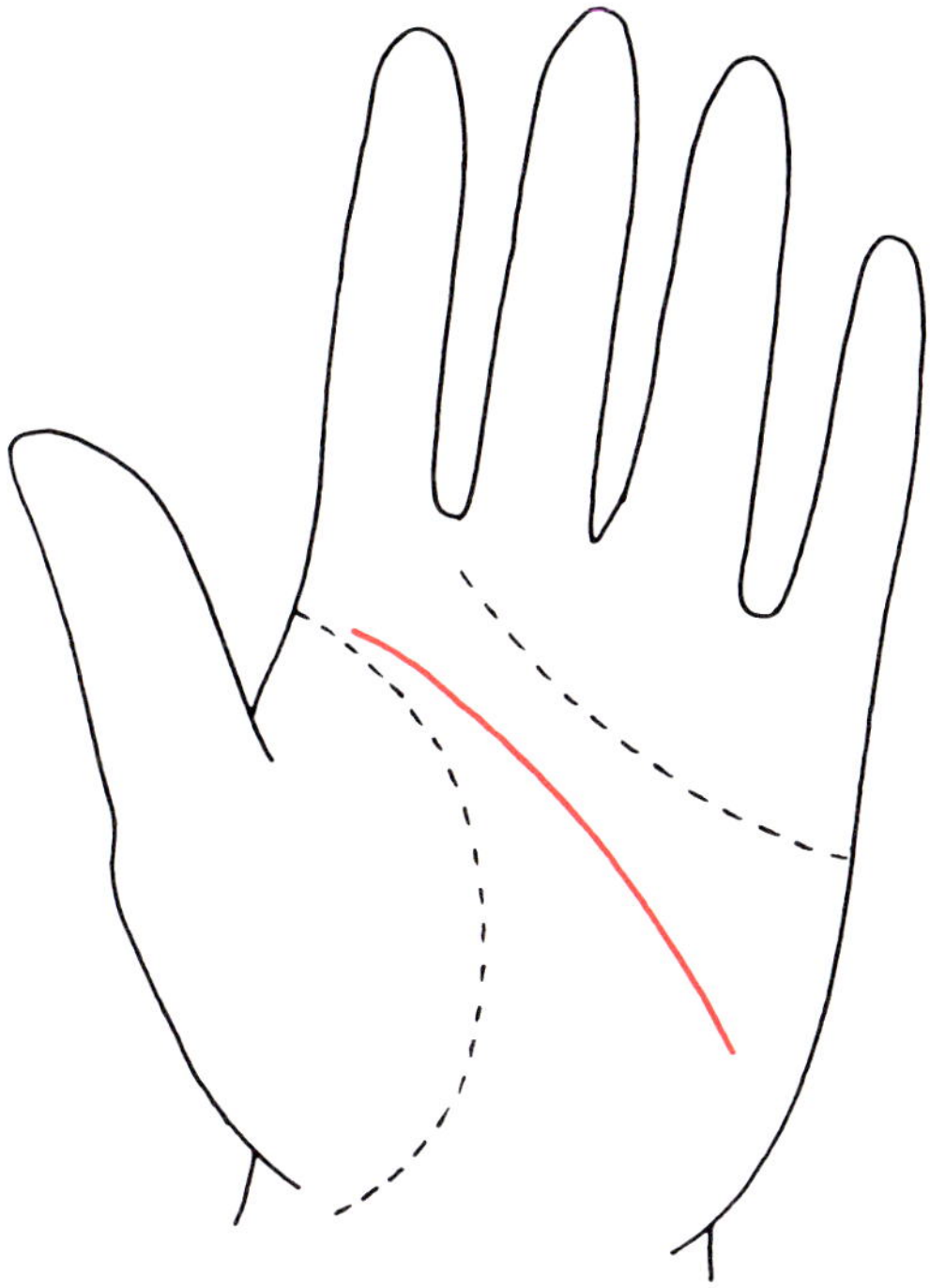

軽はずみな行動がないのはいいのですが、この相の人が困るのは、複数候補がいる場合ですね。どちらにするか、なかなか決まりません。そんなことをしているうちに、ふたりとも去っていってしまった……ということにもなりかねません。

また、せっかく素敵な人にプロポーズされていたのに、迷っているうちにタイミングを逃してしまう、ということもありそうです。

じっくり考えたいからといって、必ずしもうまくいくとも限りません。あまり常識はずれに長いこと考えるのは控えたほうがいいでしょう。

どっちにしろ人生ギャンブルです。どんどん軽はずみになって、どんどん失敗しましょう。楽しいですよ。

ワンポイント相性

考え込みやすいあなたは、直感ばかりでさっさと行動する彼とつきあっていると、ついていくのが辛くてストレスになってしまうかもしれません。あまり軽はずみな行動をする人は選ばないほうがいいでしょう。

かといって、あなたと同じようなじっくり考え込むタイプでは、物事が進みません。あなたの考え深さも理解してくれ、それでいて、あなたを引っぱっていってくれる行動力がある人がいいでしょう。

知能線は標準的な長さで、生命線との出発点が離れている、行動型の彼はどうでしょう。

第一印象を大切にするタイプ

標準より短い知能線を持った人は、ひらめきで行動する人です。ひと目会ったそのときに、「この人だわ！」と感じた。その第一印象で、もうあなたの心は決まってしまうのです。反対に、出会いで「感じ悪い」と思ったら、後は相手にもしません。すっきりしていていいですね。

頭の切り替えが早いですから、悩みません。つきあい始めても、「もう駄目だわ」と思ったらさっさとやめてしまいます。彼のほうは未練が残っていても、あなたの頭はもうすっかり切り替わっています。

あなたの場合、思いきりがよすぎて、もうちょっと努力すれば続くものを、さっさとやめてしまっていることがあります。

また、本人はそれでいいのですが、相手は納得できないこともあるでしょう。

「どうしてなんだ」

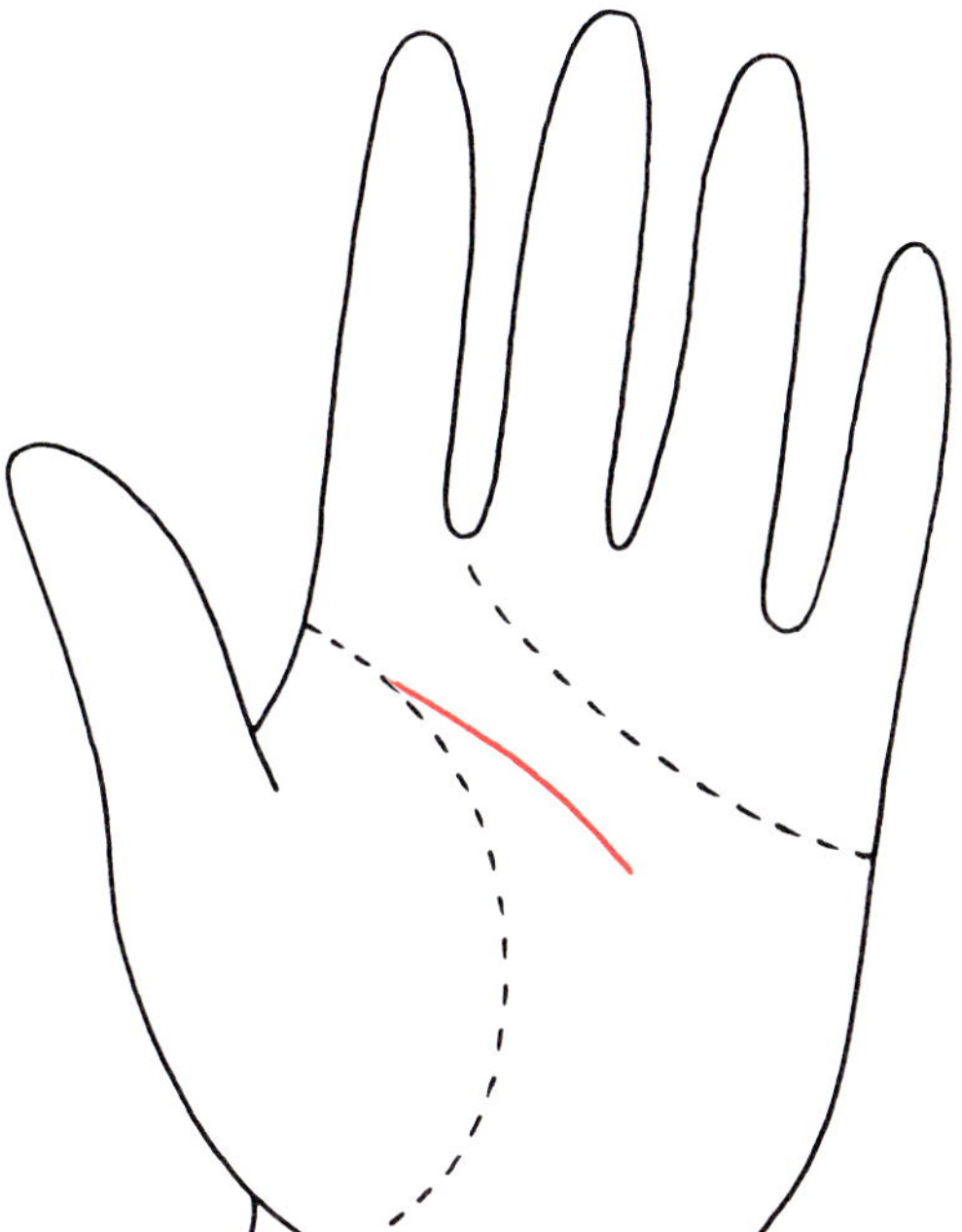

と質問しても、あなたのほうは、どうしても何もありません。ただ、好きになったからつきあって、いやになったからやめた、というだけなのですが、相手には何がなんだかわからなくて困ってしまうのです。

「わけのわからない子だ」

なんていって、恨みをかっているかもしれません。

相手がじっくりタイプの人だったら、ときにはそれにあわせて、じっくり納得のいくまでつきあってあげるのもいいでしょう。

ワンポイント相性

あなたに欠ける「じっくり考える」ことが得意な、長い知能線の人とつきあうのもいいと思います。でも、お互い違いすぎてついていけない、ということは大いにあり。

知能線が標準の長さで、その上、知能線から上向きや下向きの支線が何本か出ている、マルチな才能を持った人とならうまくやっていけるでしょう。

ロマンチックな恋をするタイプ

知能線の先がどんな方向に向かっているか見てください。月丘のほうへ下向きにグーンと下がっている人は、夢見がちなロマンチックタイプです。

恋をすると、誰でもロマンチックになりますが、この相の人は、もともといつも夢見ているような人。恋をしたら、さらに激しくロマンの方向に走ります。

月を見ても、星を見ても、花を見ても、彼に想いをはせて、ため息をつき、日記を書きつづったり、詩作にふけってしまったり。とても感性の鋭い人ですから、恋をきっかけに、すばらしい芸術作品を生むかもしれませんね。

女らしいメルヘンチックな雰囲気で、男性にもきっとモテるはずです。デートしてても、ムードを盛り上げるのが上手で、彼も楽しいでしょう。

欠点といえば、もともと現実的な金勘定が苦手なうえ、恋をするとさらにさらにボーッとしてしまい、何も手につかなくなってしまうこと。

また、あまりに美しい自分の世界に入りすぎてしまうと、恋の相手の彼にさえ、ついていけないこともあります。

特に、わりあい現実的な彼だったりしたら、目をウルウルさせながら、

「海が見たい……」

とつぶやいて浸ってしまうあなたの夢を、壊さないように気を使いながらも内心、

「女って、どうしてこうなんだ」

と、あきれているかもしれません。

彼を困らせていないか、ときどき自分で振り返ってみるといいでしょう。

ワンポイント相性

あなたの場合、相手も夢見るタイプだと、ふたりで夢の中へ突っ走ってしまい、現実生活が破綻《はたん》するおそれがあります。

ここはやはり、しっかり現実的なことも見つめられる彼を選んだほうが、身のためです。手相でいえば、次に出てくる知能線が横に走っているタイプです。

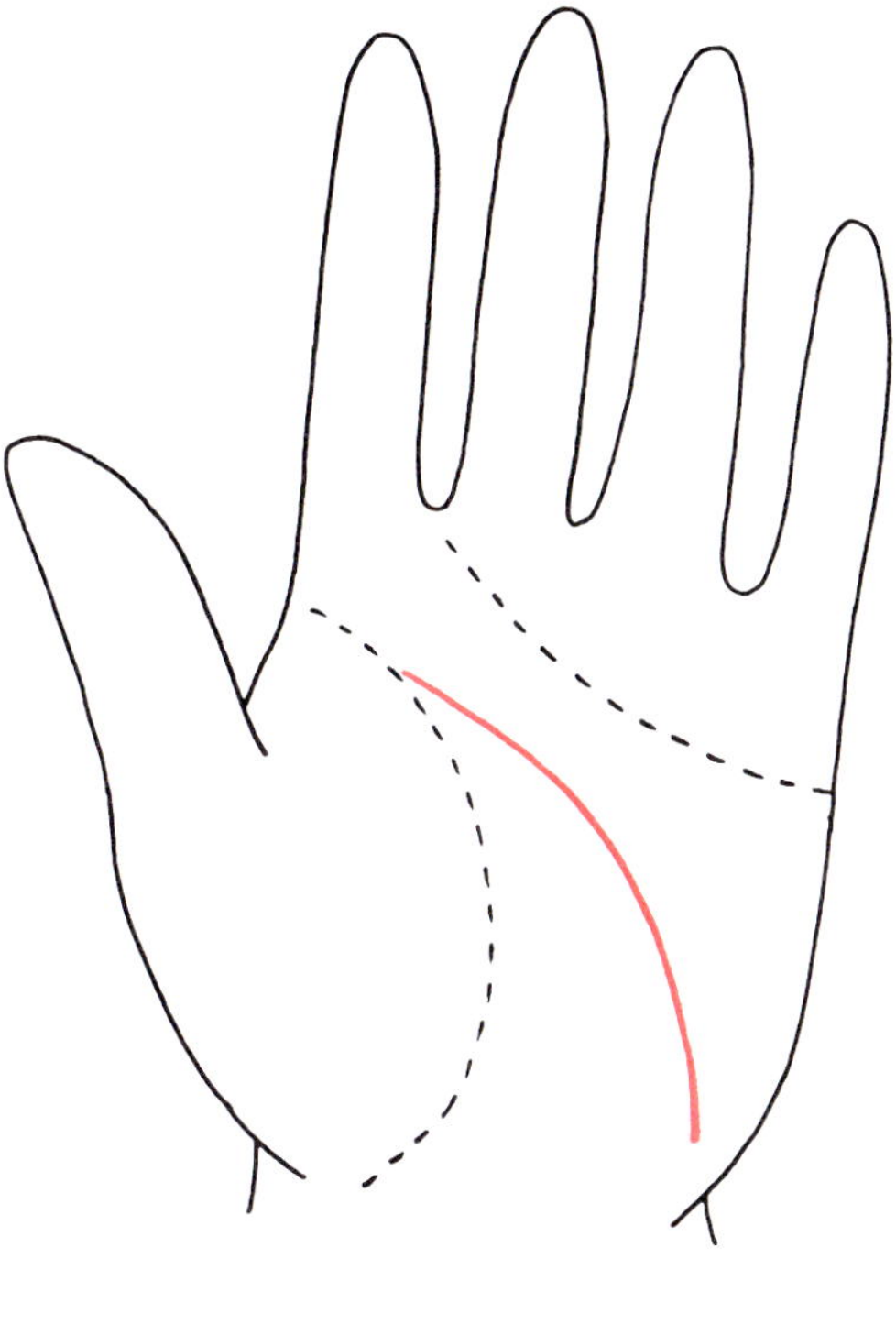

キザなセリフにのらないタイプ

知能線が、あまり下の方にいかず、横の方に走っている相の人は、現実的です。夢見る夢子タイプとは正反対のしっかりものといえましょう。

キザなプレーボーイが甘いセリフでだまそうと近寄ってきても、通用しません。ちゃんと見るところは見ています。恋をしていても、相手の年収、職業の将来性など、頭の中ではパチパチと計算できるのです。

結婚すれば、家計の無駄を省き、切り盛り上手な、いい奥さんになること間違いなし。

けれども、ちょっと現実的すぎて、ムードがないのが恋愛レースで弱いところです。

男性は、恋に非現実的なロマンスを求めています。ふだん、仕事のことを考えている時間が多いですから、恋は、仕事のことを忘れ、わずらわしい人間関係を忘れ、ドラマチックな世界に浸れる時間なのです。

ですから、ちょっと非現実的なメルヘンな女性のほうがモテます。

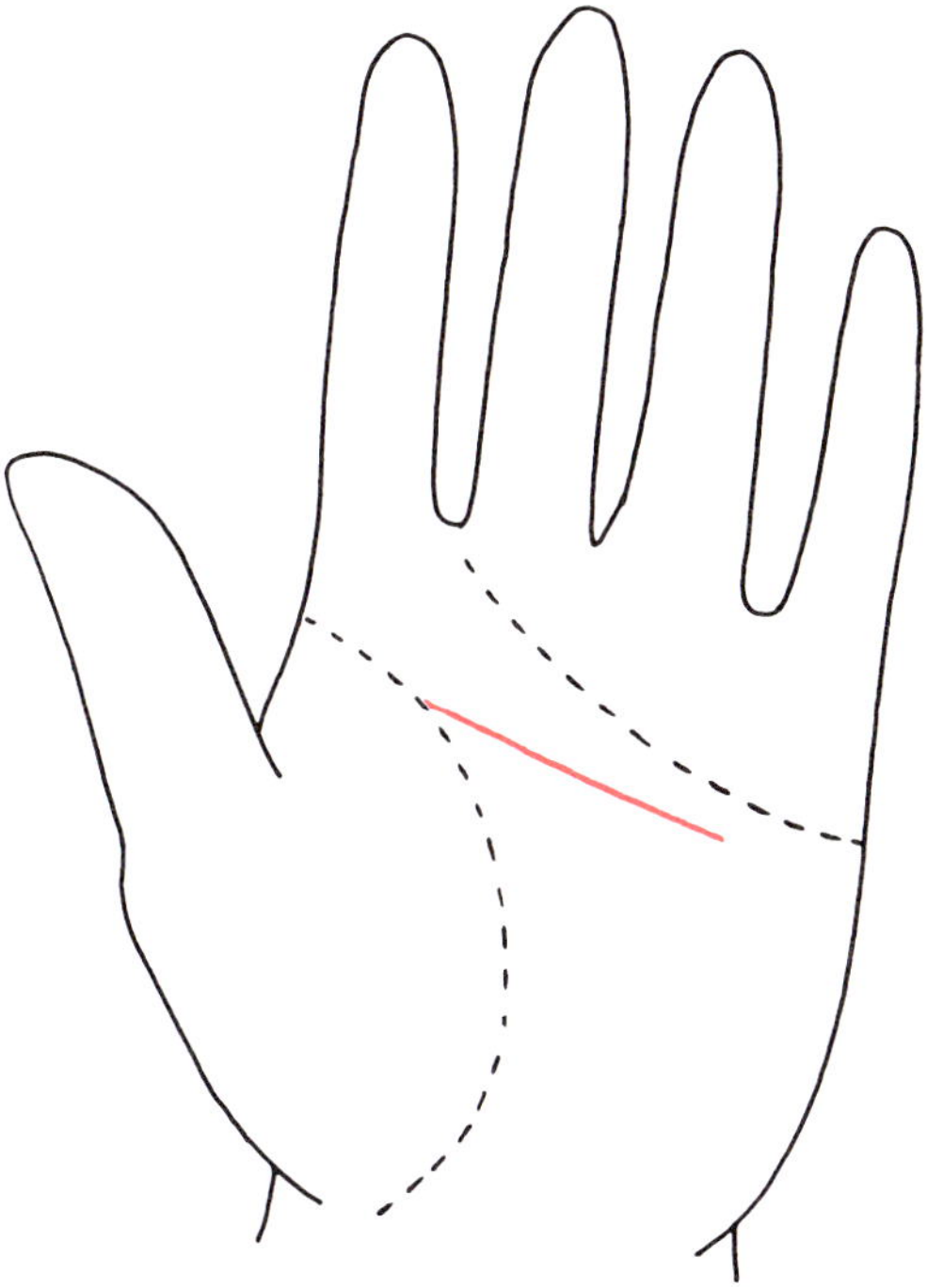

男性から見て、「結婚したい、いい妻タイプ」と「恋愛でメロメロになりたい恋人タイプ」にわけるとすれば、あなたは妻タイプなんですね。

それはそれでいいのですが、やはりときにはメルヘンになってみると、もっとモテます。少し、ロマンチックなムード作りも覚えましょう。

彼が一生懸命考えてきた決めゼリフを笑い飛ばすなんて、もってのほか。思わず込みあげてくる笑いを、恥ずかしそうな照れ笑いに変えるくらいのテクニックは必要でしょう。

ワンポイント相性

同じ現実的タイプ同士だったら、話もあって、息はピッタリ。

でも、もっと感性を豊かにしたいなら、月丘に向かってほどよく伸びた知能線や、金星帯のある感受性豊かなタイプとつきあうといいでしょう。

結婚したら、どうなる？

良妻賢母タイプ

感情線の先端が、人差指と中指の間に入り込んでいる人は、典型的・良妻賢母型手相。結婚したら、介々しくだんな様に尽くします。浮気なんてしません。ずっと、彼ひとりを愛し続ける人ですね。

料理・洗濯・お掃除などはおろそかにせず、何かとだんな様に気配りをしたり、お仕事で疲れて帰ってくればやさしく迎えたり。

彼が安心して仕事に励めて、家に帰ってくるのも楽しみなそんな家庭を作るでしょう。

そして、子供ができれば、一生懸命子育てに専念して、いいお母さんになります。

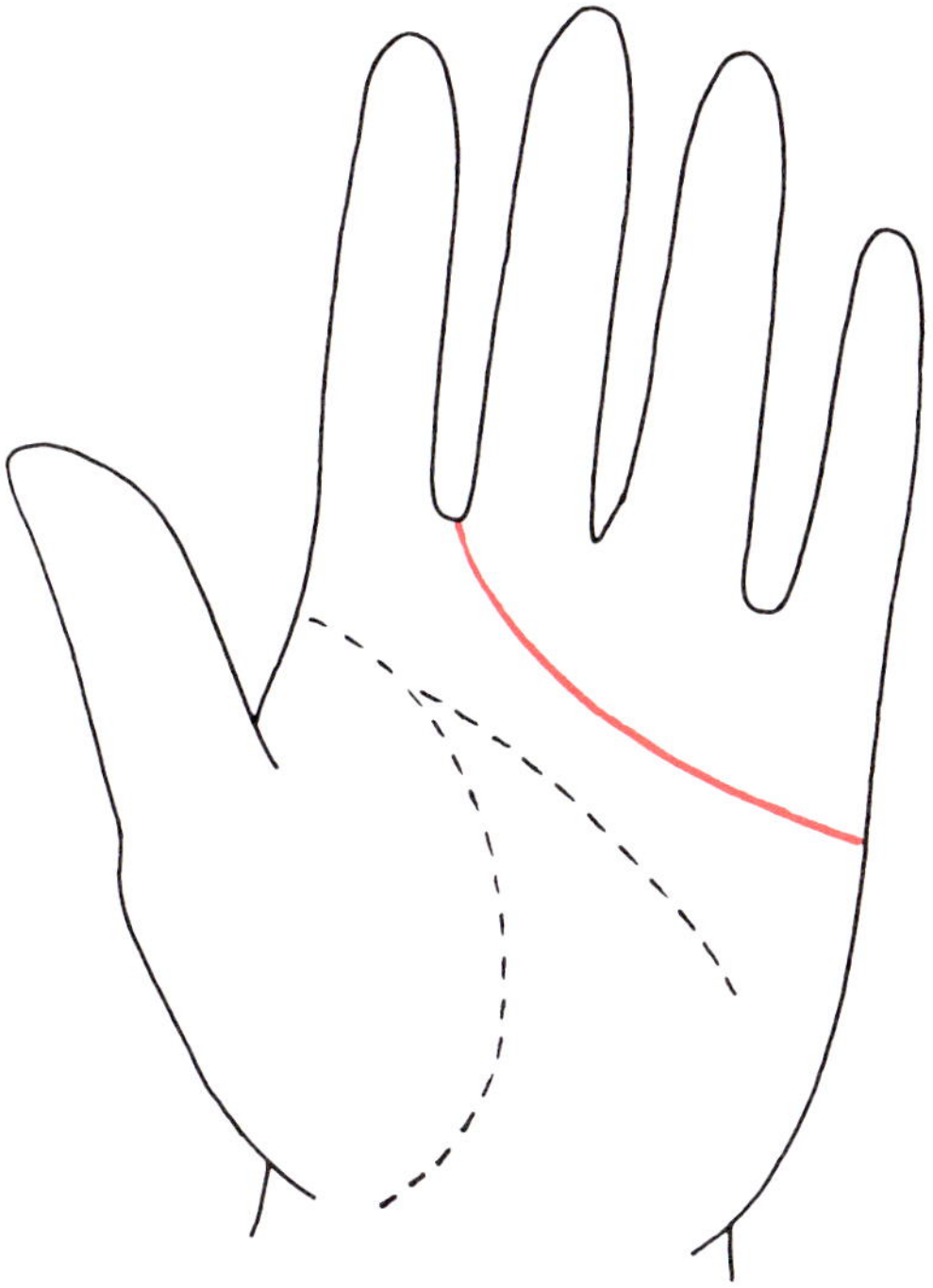

恐妻《きょうさい》タイプ

運命線が強く、太い線で下から上までグーンと伸びている人は、とても意志が強くて運も強い人。結婚しないで、ひとりで雄々しく生きていく人も多いでしょう。

結婚すれば、恐妻になるタイプです。自分の運が強いので、悪くすると、だんな様の運をくってしまいます。頼りない男性だったら、あなたの方が男性のように引っぱっていく家庭になるでしょう。

家庭だけに収まりきる人ではないので、結婚しても仕事を続けていたほうが、だんな様ともうまくいきます。

あるいは、自分よりさらに運の強い人を選ぶのもいいですね。

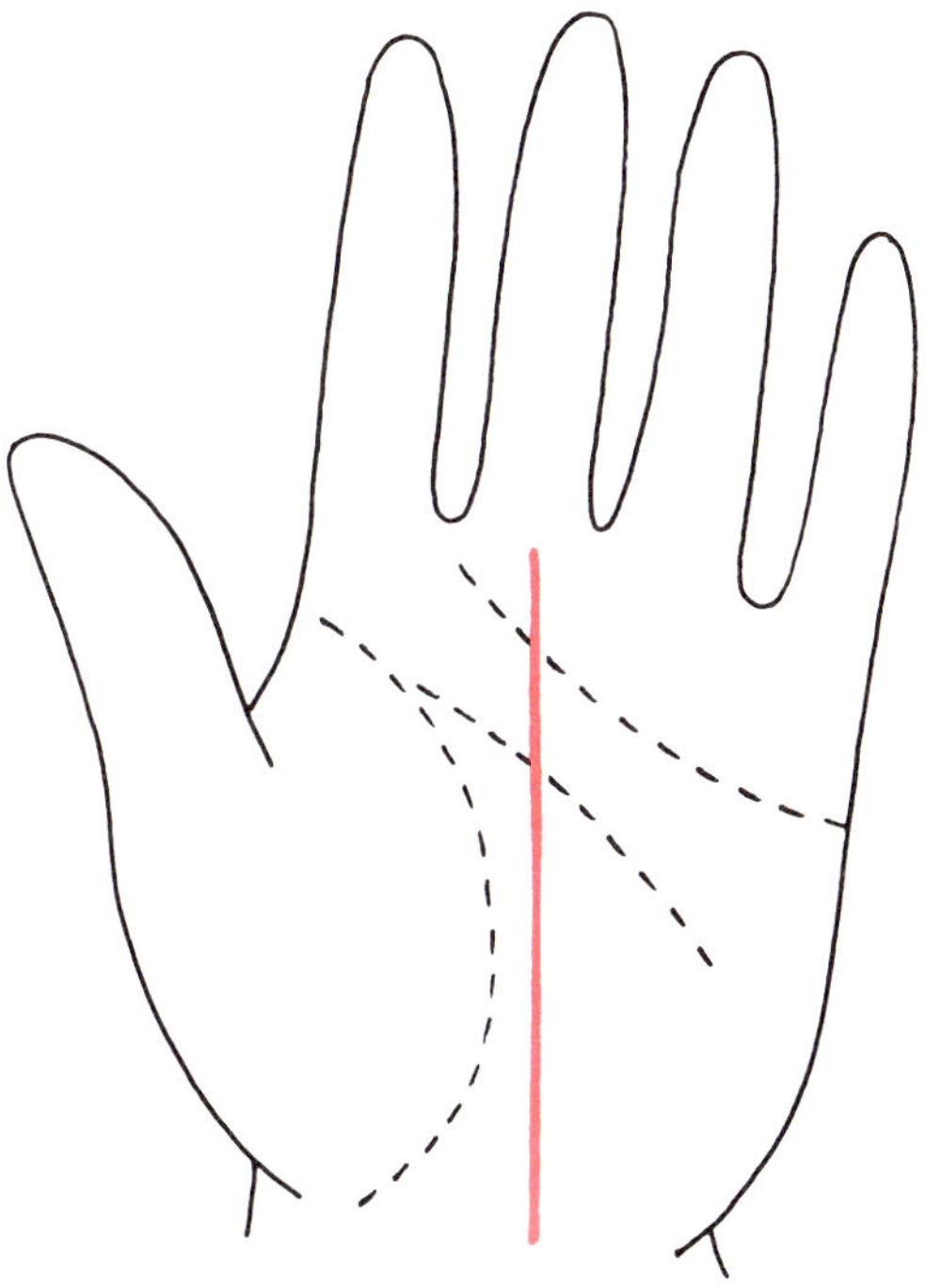

不倫妻タイプ

生命線に、たくさん恋愛線が入っている。二重感情線があったり、感情線は乱れていたり、人差指のさらに先まで伸びる激情型。

こんな人は結婚しても、よろめき不倫妻になる確率が高いですね。

何しろ情熱型で、自分の情熱がおさえられません。だんな様のことは愛していても、それはそれとして、他の男性も好きになってしまうんです。

恋愛線がたくさん入っている人は、だいたい恋愛が好きなタイプ。いつも、心ときめかせていたいんですね。

気持ちはわかりますが、幸せな結婚を続けたいなら、そこをグッとこらえて。

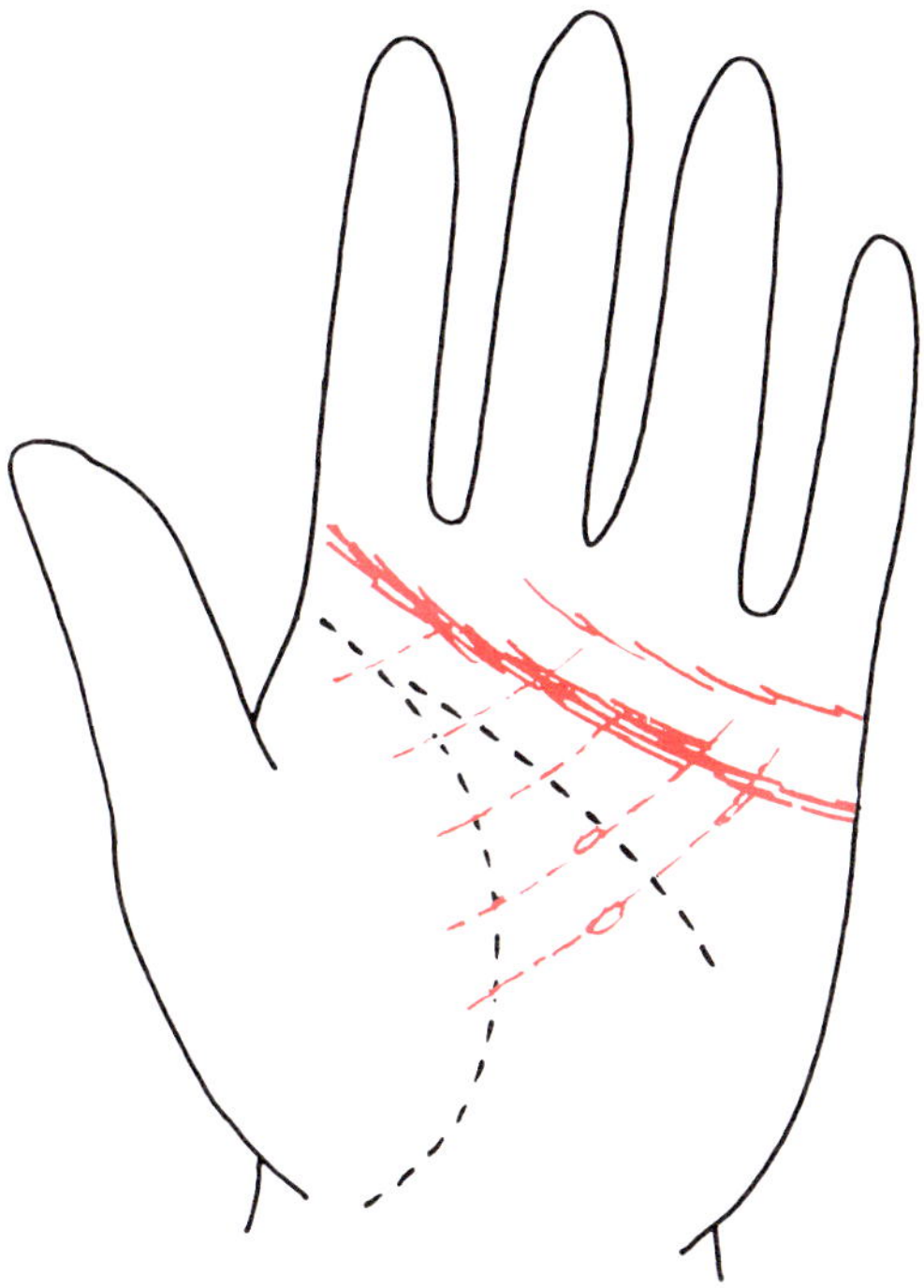

悪妻タイプ

夫の悪口を並べたて、夫をつるし上げて他人の同情をかおうとする、気が強くて嫉妬深い妻。悪妻。世の中にはいるものです。

さて、そんな人はどんな手相でしょうか。

まず、感情線は、人差指の先まで突っきる感情型。この感情線の人は、よくすれば情熱があっていいのですが、悪くすると嫉妬深くてこわい女性になってしまいます。

運命線は太く、強くて、自己主張の激しいタイプ。

人差指と中指の間から、自己顕示線。これには悪い意味あいもあり、強く出ると「私が、私が」という目立ちたがり屋の性格になるのです。

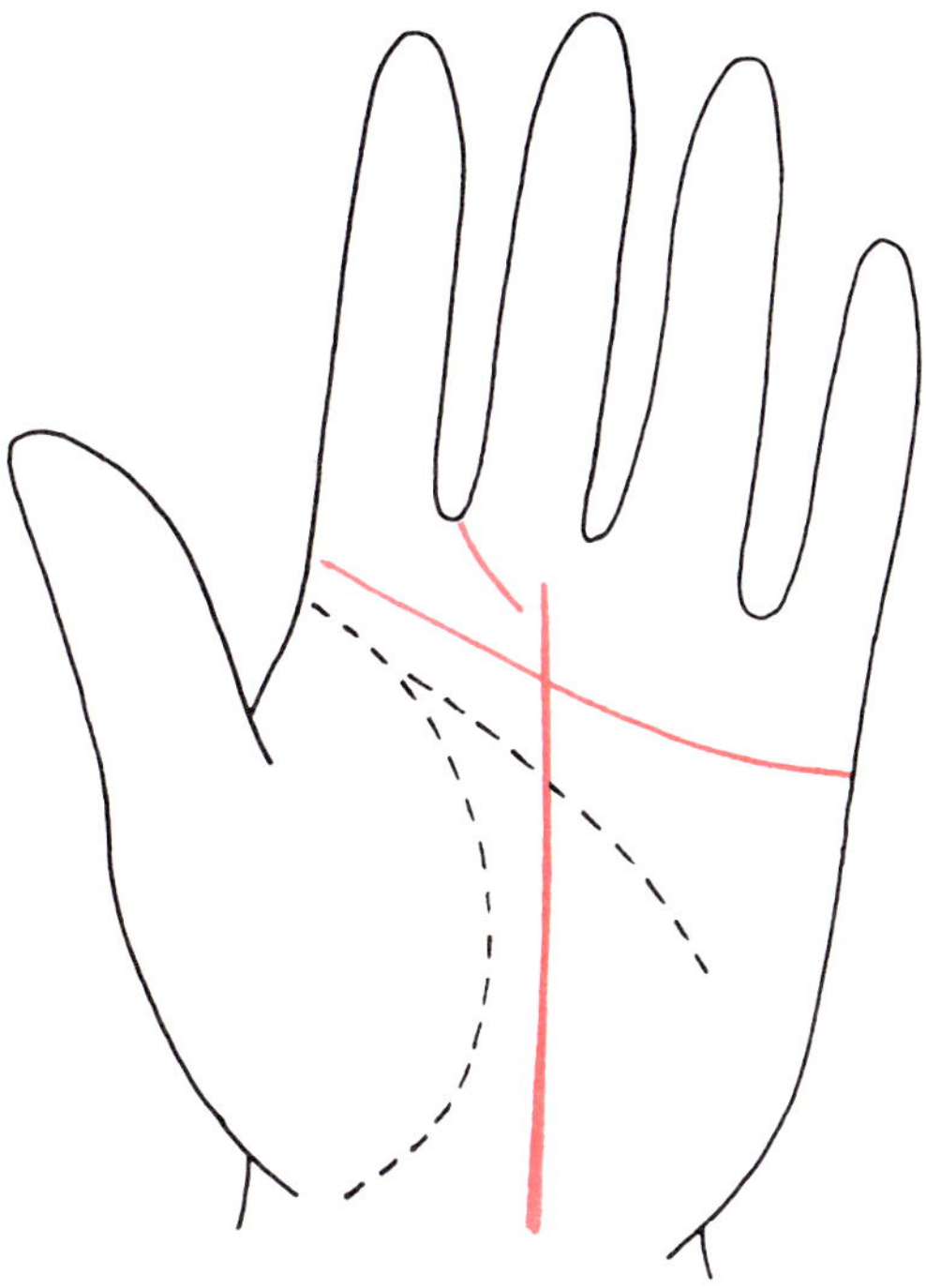

共働き・友達夫婦タイプ

結婚しても働き続け、ずっと友達のように仲良しの夫婦になるのは、どんなタイプの手相でしょうか。

まず、結婚しても仕事を続けるのですから、運命線ははっきりしているでしょう。生命線が外側に流れる、忙しさを表す旅行線も出ているかも。

また、生命線の内側に出る影響線が、つかず離れずで長く続いていたら、まさに友達夫婦。燃え上がりすぎず冷めず、ずっと仲良しでいられる印です。

この影響線が両手に出ていれば、ふたりとも相手を思いやって、いい結婚生活になるでしょう。

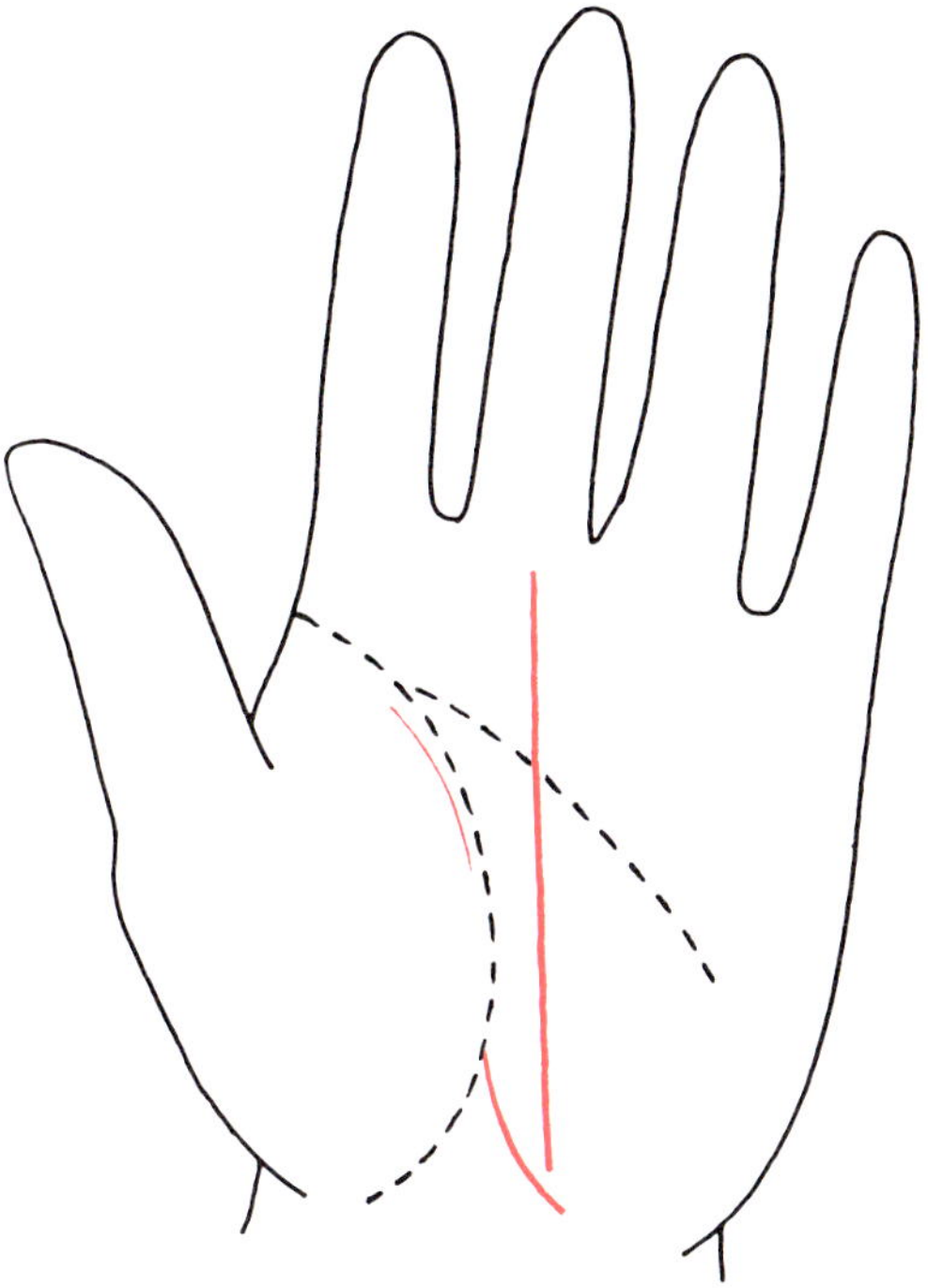

悪い男につかまって、不幸な妻になるタイプ

切れぎれの運命線、切れぎれの知能線は、意志が弱く、飽きっぽく、自分で運命を切り開いていく力がありません。

そこで、つい人に頼ったりして、悪い男につかまり、言われるがままに結婚。けれども、夫は浮気したり、仕事を一生懸命やらず、苦労の連続。そんな人は、生命線や運命線に障害や島型がたくさん出ています。

また、感情線が切れている人は、愛情が壊れてしまうことを表していますから、ついに別居、離婚、ということになるでしょう。

そんな不幸な結婚をしないように、その前にもっと意志を強く持って、何か勉強したりして、手相改善しておきましょうね。

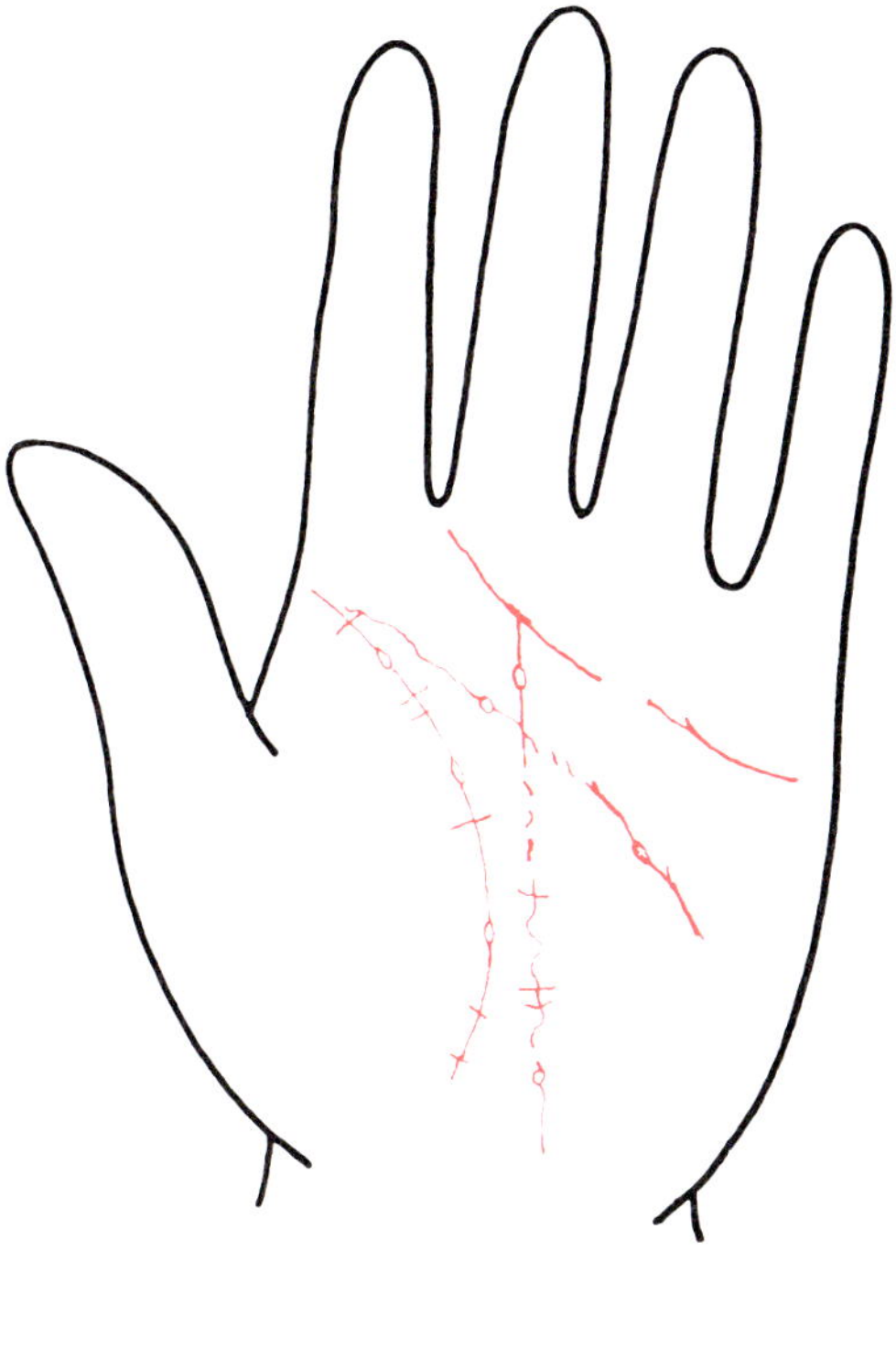

神経質な夫タイプ

手のひらいっぱいに、細かいシワがたくさんある男性は、なかなか神経質なタイプです。

ステレオのすみにほこりがたまっているのに目ざとく気づいたり、色ものと白いものはわけて洗濯しろとか、けっこう口うるさいんですね。

あなたが大ざっぱなタイプだと、「うるさいなあ」と思うかもしれません。

あなたも神経質なタイプだと、ふたりして落ち込んでいるときは、もう最悪。家の中の雰囲気はピリピリです。

やはり、あなたが女性らしいおおらかさで、仕事に疲れている彼を、明るく笑わせてあげてくださいね。

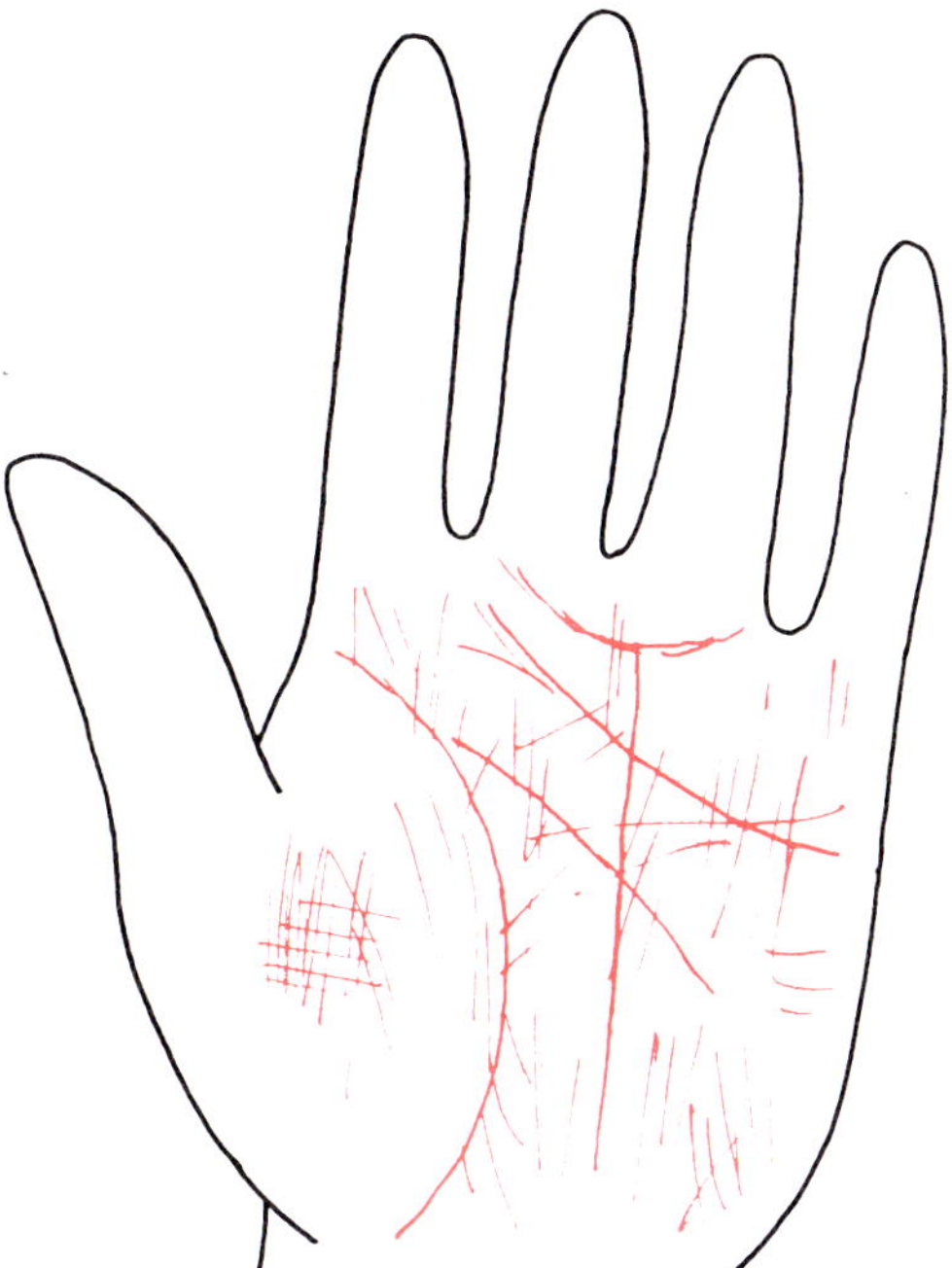

浮気症の夫タイプ

これは、不倫妻と同じような手相。感情線は乱れていて、長ーい情熱型。結婚線も多い。

それに二重感情線。二重感情線の人は、ほとんどが二回結婚したり、愛人を持つ相です。もう年も三十才をすぎているなら、一度目の縁は終わっているかもしれませんが、まだ若いうちに、こういう手相の人と結婚するのは要注意です。離婚するか、他にもうひとり愛人を持つ可能性は大きいでしょう。

恋愛線もやたらとたくさん入っているようなら、ますます危ない。特に、これから先の年齢のところをよく見てください。これからもたくさん恋愛しそうだったら、結婚後も油断はできません。

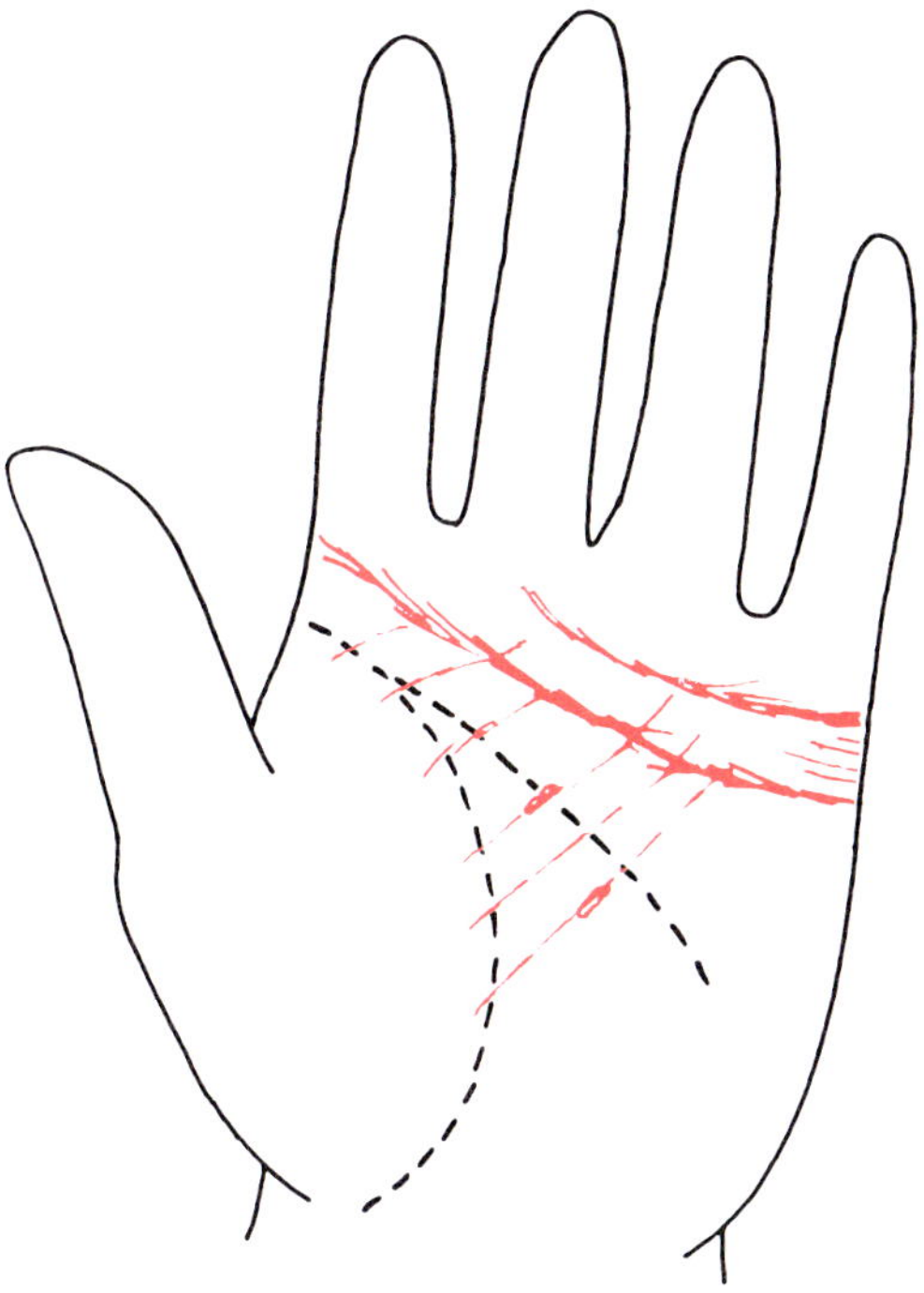

仕事を転々とする夫タイプ

たまに見るのですが、全部の線が、ぶれたように二重になっている人がいます。二重感情線や二重知能線とは、また別。はっきりと二本入っているのではなくて、一本の線がずれてしまった、という感じです。しかも線が薄い。

こういう人は、「がんばろう！」とか「勉強しよう！」というような意欲が全くない、根気のない人です。運命線もないか、切れぎれ。ひとつのことをやり続けることができなくて、次々と職を変えたり、生活の安定しない人です。こんな人と結婚したら、苦労するでしょう。あなたが、運命線がばっちり強くて、自分で稼いで夫を食べさせるなら別ですが。

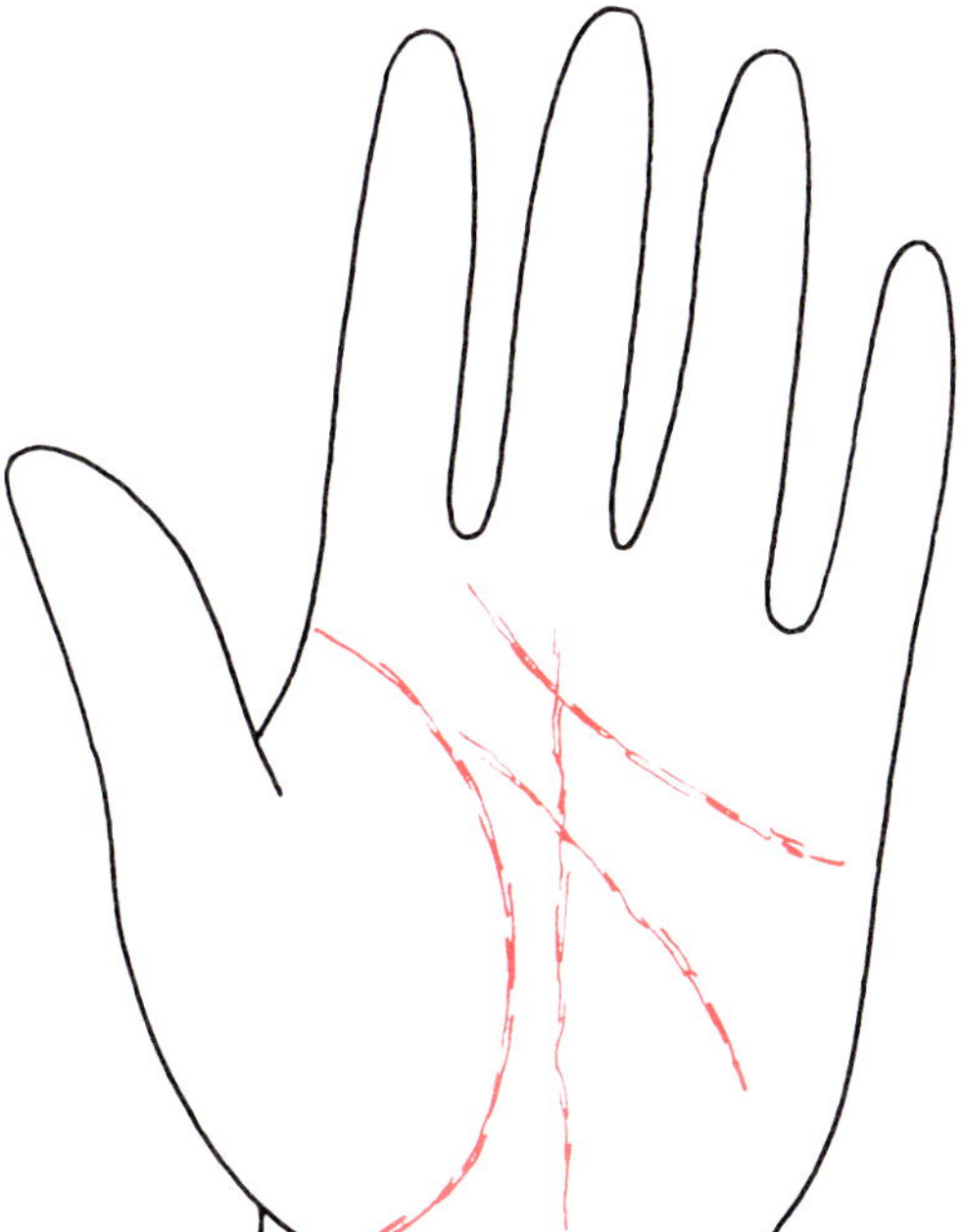

よき夫・よき父タイプ

とにかく、いい手相の男性がいいですよね。基本の三本線が同じくらいの強さではっきりしていて、あまり乱れがない人は、基本的に性格のバランスがとれています。それに加え、しっかりした運命線、太陽線があれば、仕事運もよく、生活も安泰でしょう。

もちろん、先にあげた、浮気っぽい線など入っていないこと。

元気なだけで、細かさがあまりにないのは物足りないという人は、金星丘に縦横の線が格子状に入っている男性がいいですね。細やかな愛情があって、やさしい人です。デートも楽しませてくれますし、結婚してからも楽しい家庭になるでしょう。

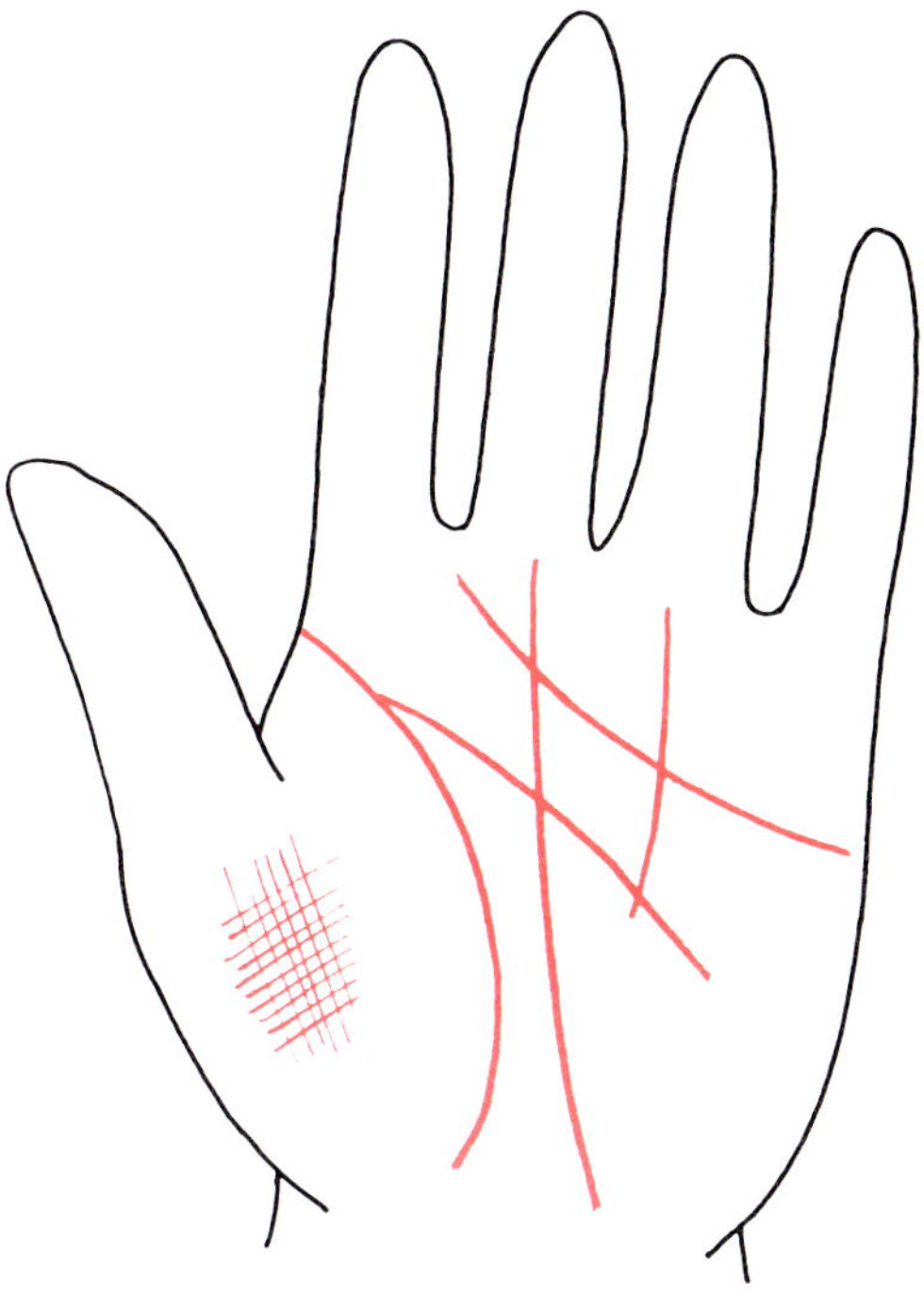

第四章

個性と才能を生かして、開運

あなたの運が開ける場所はどこか？

運のいい手相、悪い手相を見てきましたが、どんな人だって、運のいい手相になることはできます。

どうもいまいち運がよくないという人は、自分の才能に気づいていない場合がありますね。

誰にでも、得意なことがあるものです。現実的で、金勘定なら大得意という人が、いきなりアーチストを目指しても、なかなか花開かないでしょう。

また、感情が豊かすぎて乱れやすい人が、冷静さを必要とするような職業についたら、迷惑をかけてばかりで、その人の有能さを発揮できないでしょう。

あなたは、自分の性格や才能、自分の個性を知っているでしょうか。そして、それを発揮して伸ばせるところにいるでしょうか。

間違った場所にいれば、才能は伸びなやむことでしょう。適材適所といいます。自分にあった場所を見つければ、グングン運もよくなるんですよ。

そこでこの章では、あなたがどんな才能を持っているか、どんな仕事をするといいか、研究してみましょう。

知能線離れ型はどんどん動こう！

まず、恋愛のところでも見た知能線、生命線の出発点で考えてみましょう。

このふたつの線が離れている人は、大胆で行動的な人でした。

リーダーシップもあるので、仕事でも、後輩の面倒を見たり、あなたの行動力で率先してみんなを引っぱるようにしていくと、ますます運がよくなります。

どんどん、動けば動くほどいいですね。机の前にずっとかじりついていないで、いろいろなことに挑戦して、仕事の幅も広げていきましょう。あなたの場合、行動範囲を広げることで、素晴らしいチャンスがつかめるのです。

逆に、憶病になったり、人の下についていて物事をやっていると、いつまでたってもチャンスがつかめません。

小さくても、グループの中ではみんなのまとめ役をやるとか、自分から出したアイデアで仕事をするようにすると、序々に運がよくなっていくのです。

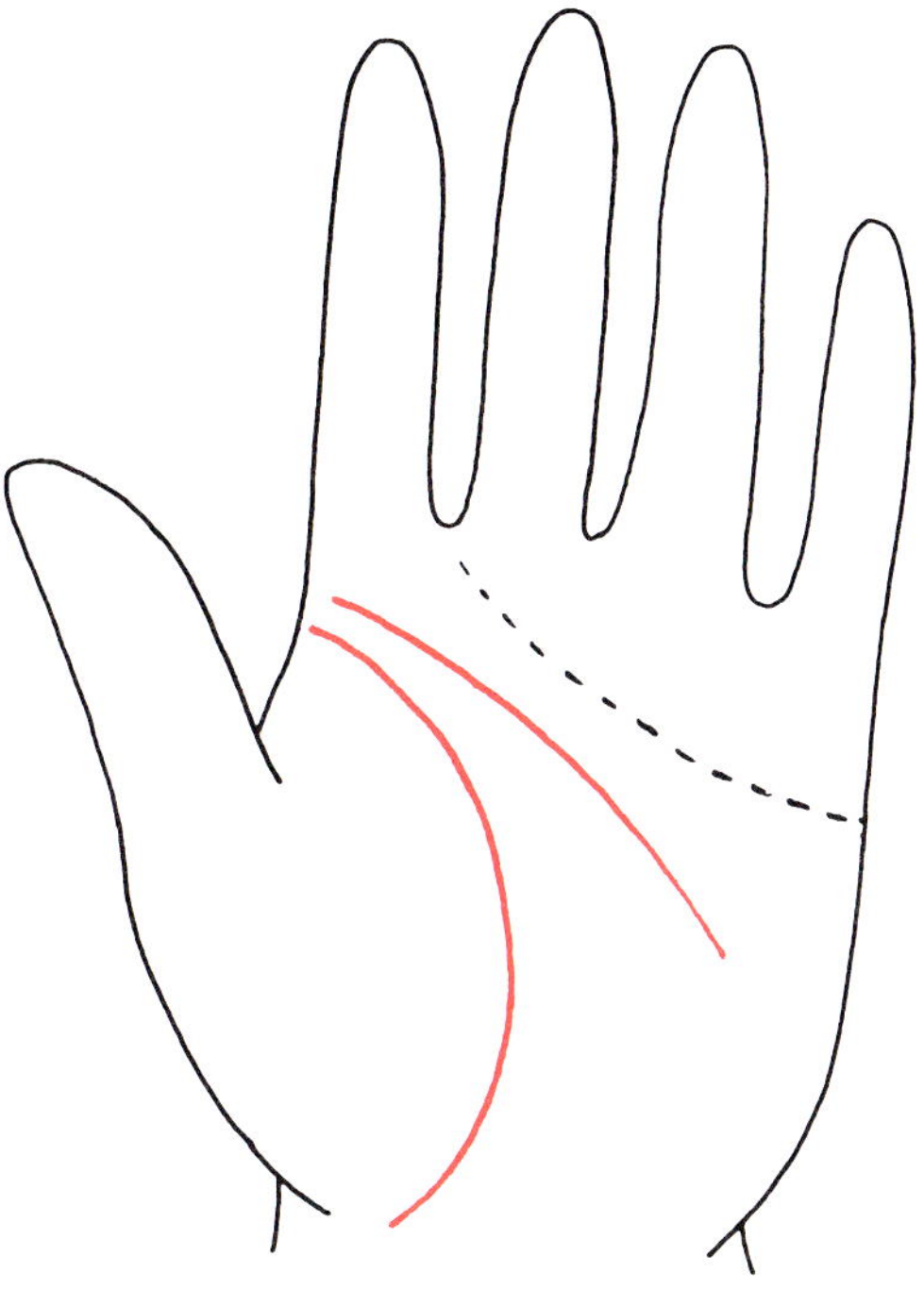

知能線くっつき型は内向性を生かして

知能線と生命線が、かなりくっついて始まっているのは、消極的で内気な人でした。あなたの場合、いつも人の目を気にして、合わせていくタイプ。ちょっと合わせすぎで、今のように自己主張の強い世の中では、疲れてしまうことが多いでしょう。

ただ、内向的で、物事を深く考えたり、自分を見つめたりする人ですから、日記をつけたり、文章を書いたりすると、おもしろいものが書けたりします。

信頼できるいい上司のもとにつくのが開運のポイントです。控えめなあなたのことを理解してくれ、あなたのよさを発見し、才能を引き出してくれる人です。

いつも「これじゃ駄目なんじゃないか」とビクビクしてしまうあなたですが、有能な上司がちゃんと責任を引き受けてくれ、「安心してやりたまえ」と自由にやらせてくれれば、能力を発揮できます。

自分で決断するのが苦手なのですから、よい上司に指導してもらえばよいのです。

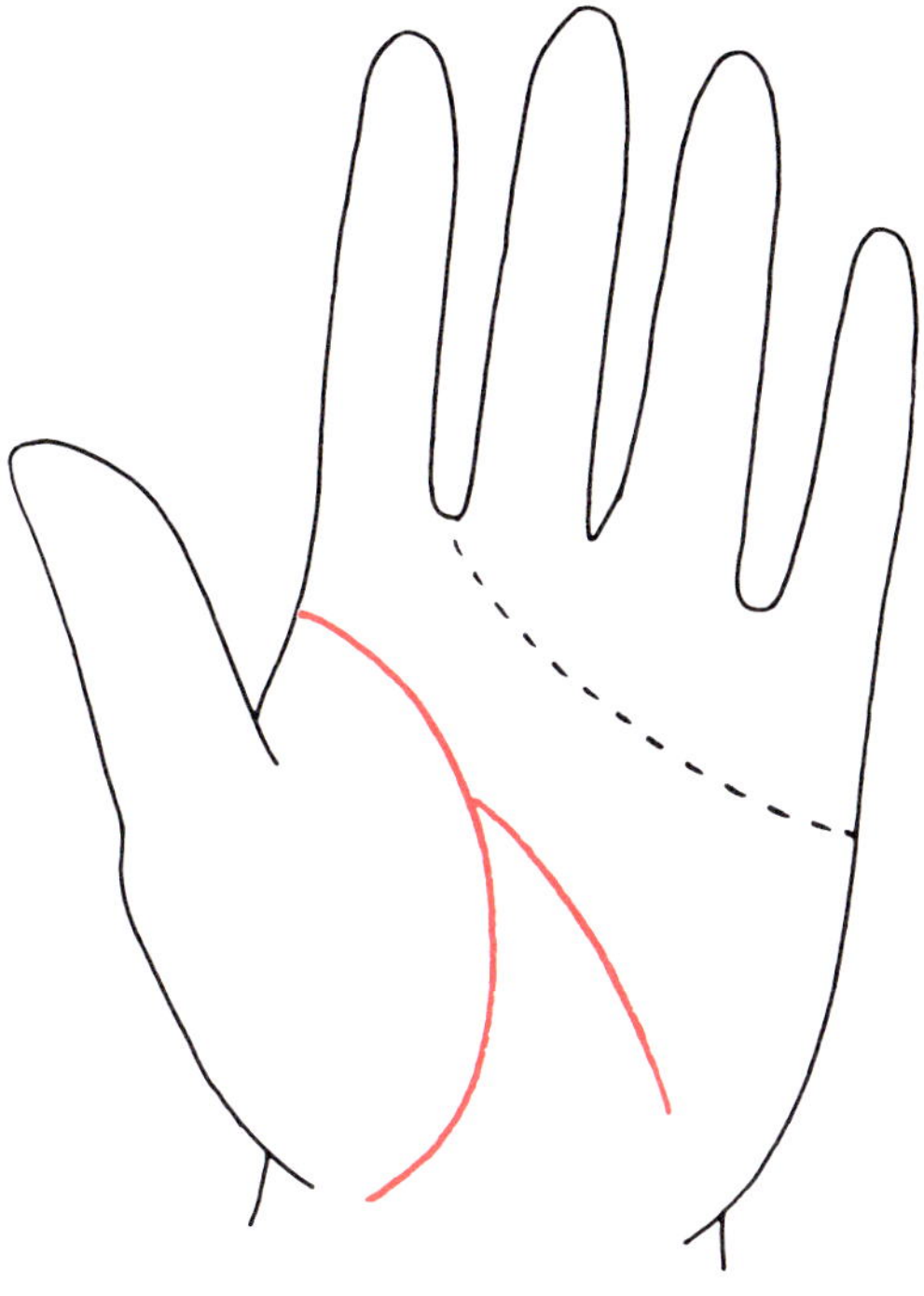

ただ、

「そんな上司がいないかなぁ」

と、ひたすら他力本願で待っていても駄目です。やはり、少しは自分から物事に向かっていくようにしないと、いい上司にも出会えません。

短い知能線はアイデアで勝負

知能線の短い人は、ひらめきのある人でした。仕事も、アイデアが勝負！　という分野につけば、すばらしい力を発揮できます。他の人には思いもよらない、おもしろいことをたくさん考えつくのですから。

例えば、事務などの単純作業でも、その中に何か自分なりの工夫をして仕事をしましょう。そのうちに、それが上司に認められて、あなたのアイデア力を生かせる部署に配属されるでしょう。

ただ、ひらめきだけで、具体的に仕事を実現させていく能力に欠けている人もいるか

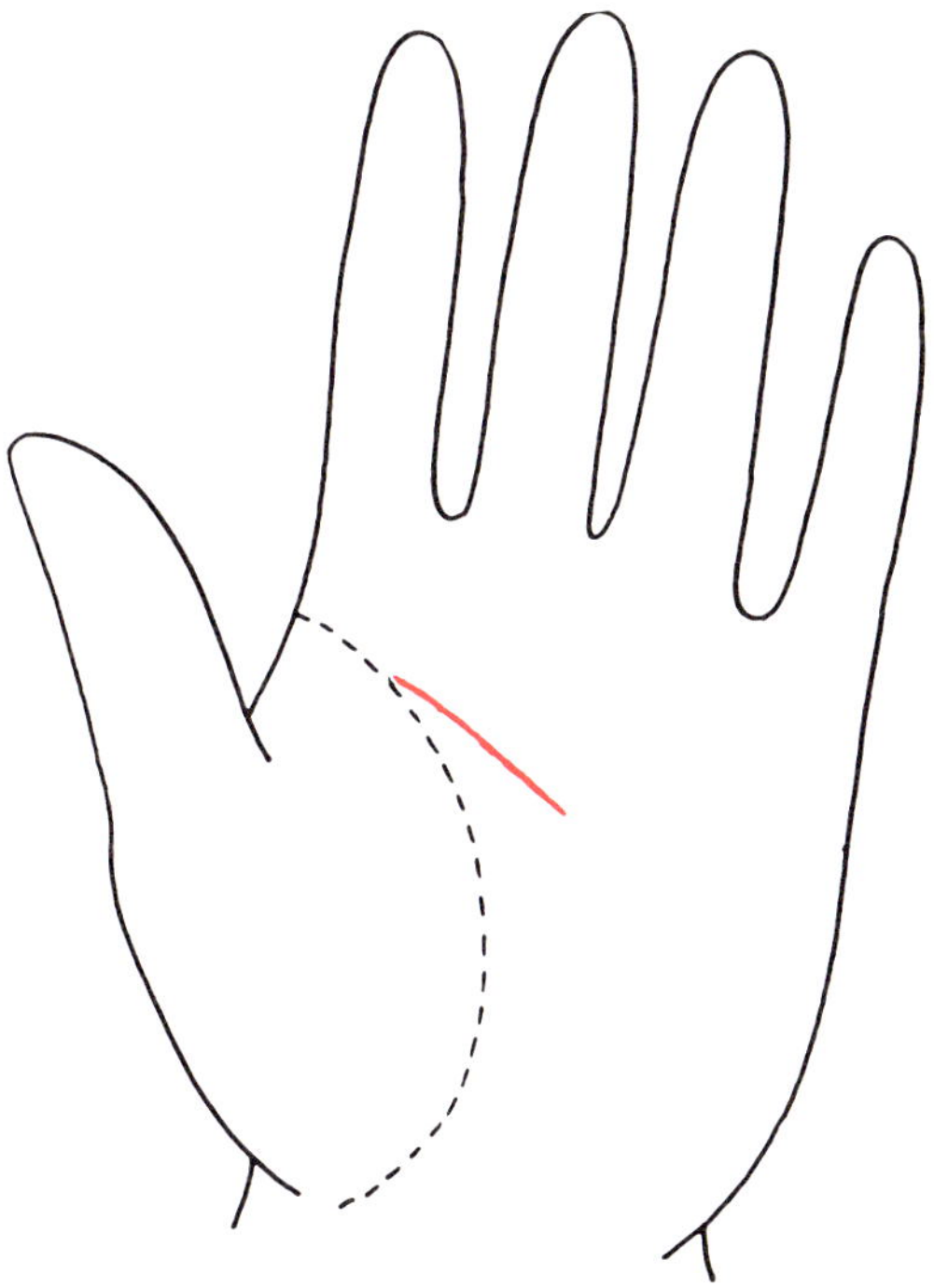

もしれません。いざ、現実的に何をどう手配して、人を何人頼んで……、という作業になってくると、さっぱり駄目だったりするのです。

その場合は、いっしょに組んで仕事をする同僚や上司に、あなたのアイデアを上手に形にしてくれる人をみつけるといいですね。

そして、その人を見習って、あなた自身もアイデアを出すだけに終わらず、コツコツと具体的な仕事もできるようになれば、鬼に金棒です。

長い知能線は参謀役をかって出る

知能線の長い人は、じっくり型でした。

例えば、仕事でふたつの案があったとき、ひらめき型の人が「こっち！」と直感するだけですぐに判断してしまうのに比べて、このタイプの人は、

「Aにはこういう利点と欠点があって、Bにはこういう利点と欠点があるから……」

と、さまざまな面から分析、検討し、判断するような人です。

ひらめき型の人に比べて、迷いやすい性格です。どちらを選んでもそう変わりない問題でみんなが迷っているとき、ひらめき型のひと言があれば、そちらに決定しやすいでしょう。

しかし、その案に反対があったとき、ひらめき型の人は説得力に欠けます。理由なくピンときて選んでいるだけだからです。

「どうしても、こっちがいいの！　とにかくこっち！」

では、反対派の人は納得しません。

そんなとき、じっくり型のあなたが役に立つのです。

「この案のよさは、これこれこういうところです。こういう欠点はありますけれども、それはこうやってカバーしていけば……」

というふうに、考えつくした理屈を並べれば、反対派説得の武器になるのです。

ですからあなたは、ひらめき型の人の参謀役となって、理論づけをしてあげれば、喜ばれ、重宝されます。

あなた自身も、迷いやすいところを、決断力のあるひらめき型の人に補ってもらえます。コンビを組めば、どちらもどんどん運がよくなりますよ。

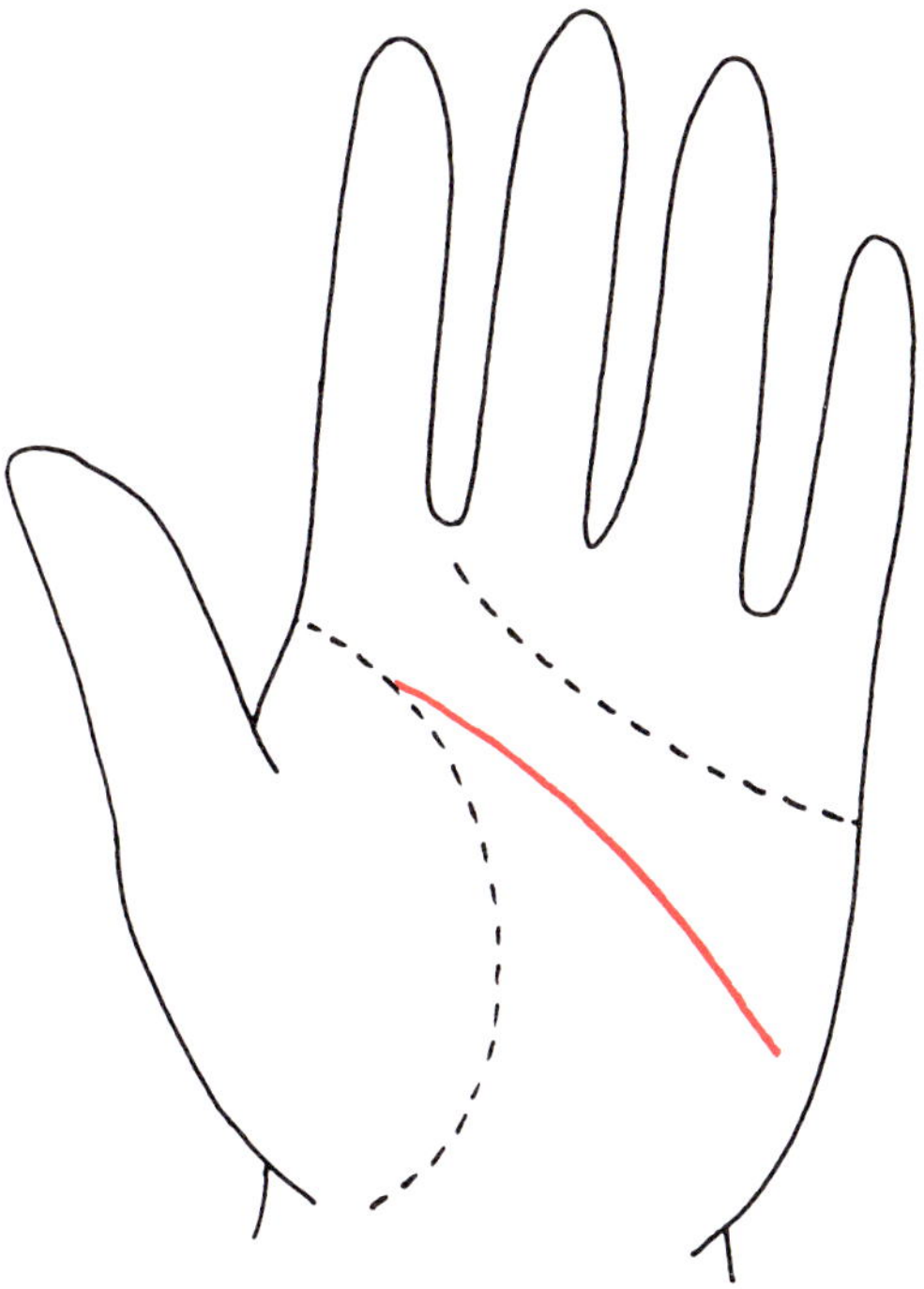

横に走る知能線は、やり手実業家

知能線が横に走っている人は、たいへん現実的な人でした。

金銭感覚にすぐれていますし、今、何が受けるかキャッチするのも得意。先走りすぎることも遅れることもなく、時流に乗っていける能力があります。

理論的に走ったりせず、妥協するところは妥協し、アイデアをちゃんと商売に結びつけていけるやり手です。どんな仕事についても、勝ち残っていくはずです。あなたの場合、現実生活がとてもしっかりしているので、感性の世界をもっと高めると、現実的な成果ももっと上がってくるでしょう。空想力、想像力を広げ、そこからわいてくるアイデアをまた現実に結びつけていけるわけです。

もちろん、空想力豊かな人と組んで、お互いのよさを生かしてやるのもいいですね。

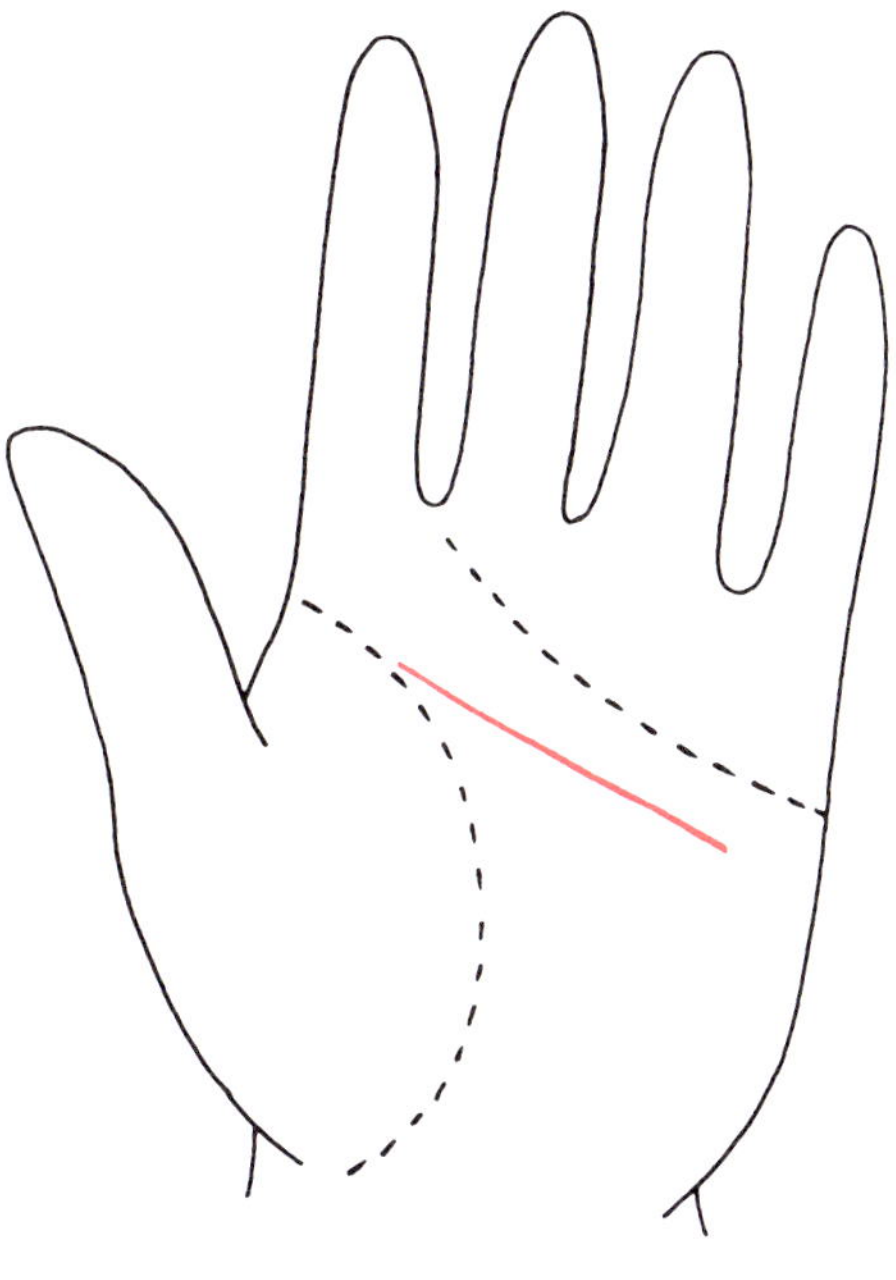

下にさがる知能線はアーチストタイプ

知能線が月丘のほうへさがっていく人は、夢見るロマンチストでした。霊感を持つ人も多いようです。

あなたには、ミュージシャン、イラストレーター、ダンサーなど、クリエイティブな仕事がぴったりです。商売よりも、芸術活動に身を捧げたほうがいいのです。

ただ、芸術家として、それで食べていくには、よほど才能がないと難しいでしょう。いきなり彫刻家として生きていこうなどとは思わずに、やはり堅実な仕事を持ったほうがいいと思います。けれども、あなたの想像力を生かせる趣味は続けてください。いつか、それが花開くときがくると思います。有能なマネージャーを持つのも、開運の秘訣。あなたが苦手な、現実的な仕事を受け持ってくれるでしょう。

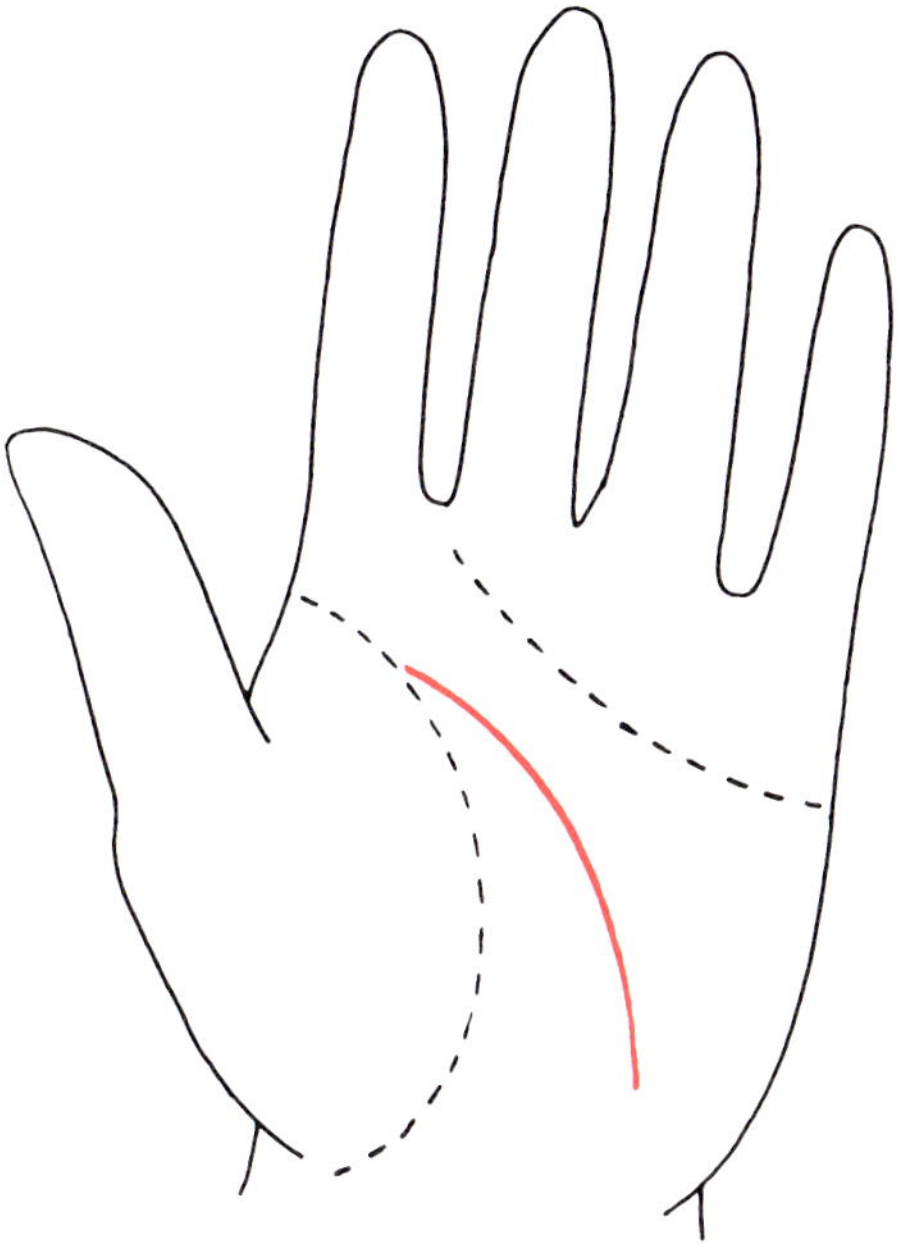

二重知能線は才能も二倍

感情線や生命線が二本ある手相の人がいるように、知能線を二本持っている人もいます。

知的な能力を表す線が人の二倍あるのですから、その才能は並たいていではありません。二つ以上の才能を持ち、二つ以上のことをこなせる人なのです。

例えば、創作や芸術方面の才能もあり、商売の才能もあるとか、全然違う方面のことが同時にできてしまうんですね。

性格も二重の意味を持ちます。例えば、図のように、一本の知能線は生命線から離れたところから出ていて、もう一本はくっついて出ていれば、今までに説明した、離れ型の性格とくっつき型の性格と、両方持っているわけです。

つまり、大胆なところもあり、用心深く慎重なところもある。自分の苦手なところを、人に助けてもらわなくても、ひとりで両方できてしまうんですから、すごい人です。

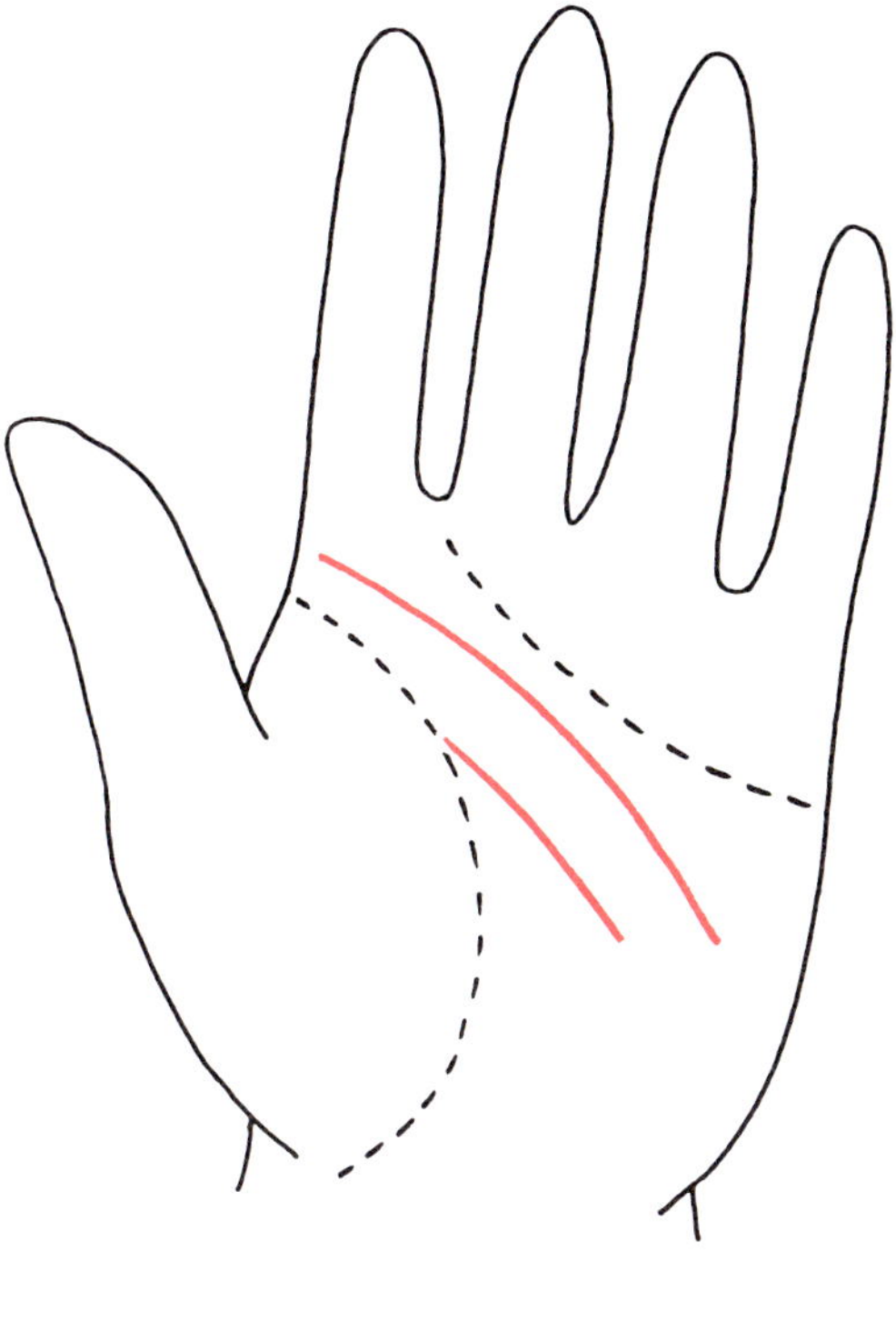

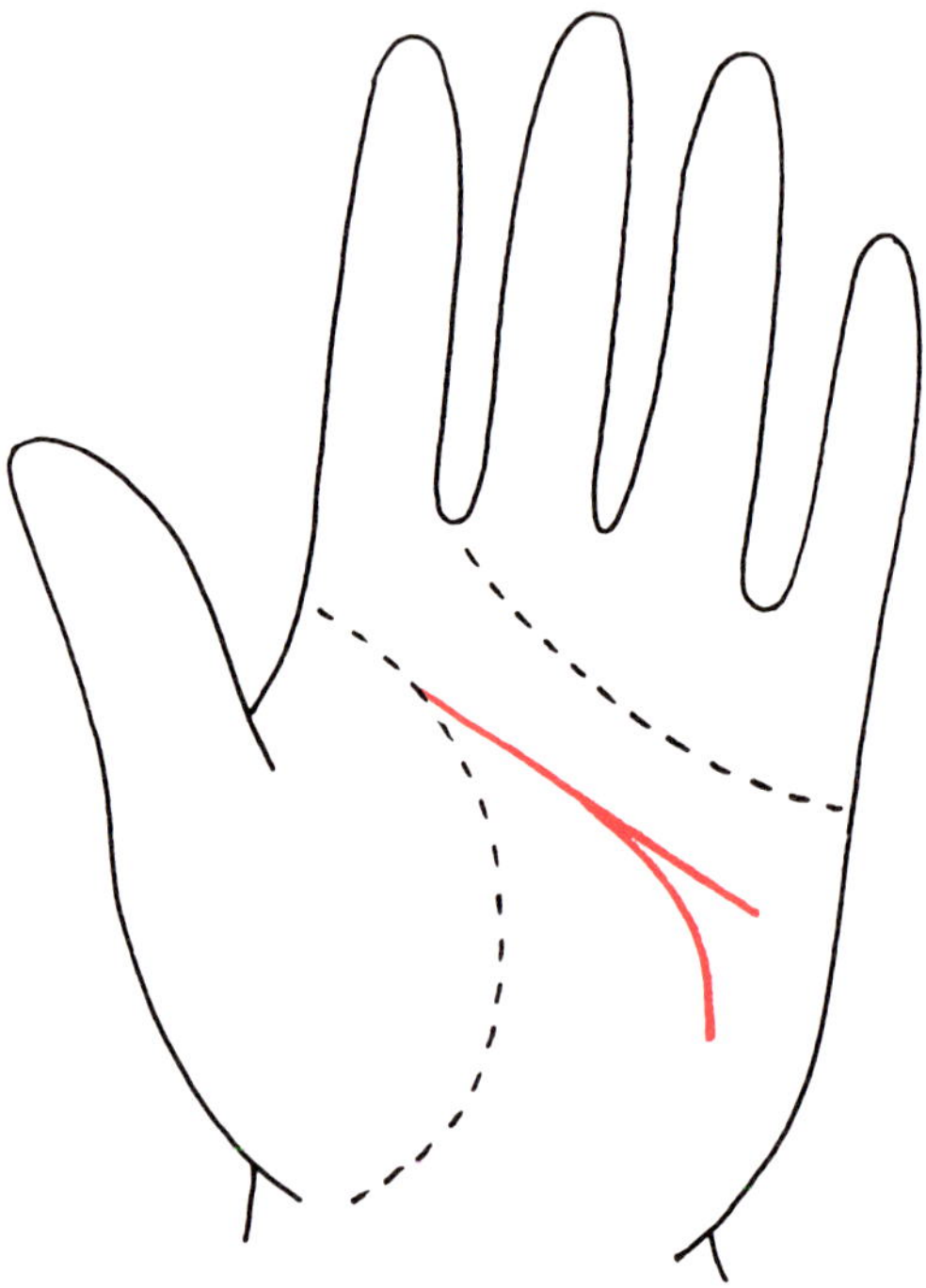

どちらの性格の方が強いかは、強い方の線で判断します。二本とも同じような長さ、太さということはなく、どちらかの線の方が主になっているはずです。

とにかく、どんな仕事をしても器用にやっていける人です。きっと、若いうちから大活躍するでしょう。

また、知能線の先が、ふたまたに枝分かれしているのも、同じような意味を持ちます。横に走っている方の枝は、現実的で商売上手。下に向かっている方の枝は、ロマンチスト。

初めはどちらか一本だけでも、自分に欠けているところを補うように努力していると、こんなふうに枝分かれになってきますよ。

跳ねあがり知能線は経営者感覚抜群

知能線が枝分かれして、水星丘の方に跳ねあがっている人がいます。

この人は、才能と金銭感覚が結びついている人ですね。どうやったらお金をもうけることができるか、よく知っています。

サラリーマンになって、会社の一員として働くよりは、小さくても自分が経営できる立場で働いたほうが、あなたの能力が発揮できます。

お金の計算に強いだけではなく、何が売れそうか、流行の波をつかむのも上手なんです。

たったひとつのお店から始めても、もうかってもうかって、どんどん支店を増やしていき、そのうちに大チェーン店……、というのも、夢ではありません。

今、思いきって、脱サラの計画を立て始めてみてはいかがでしょうか。

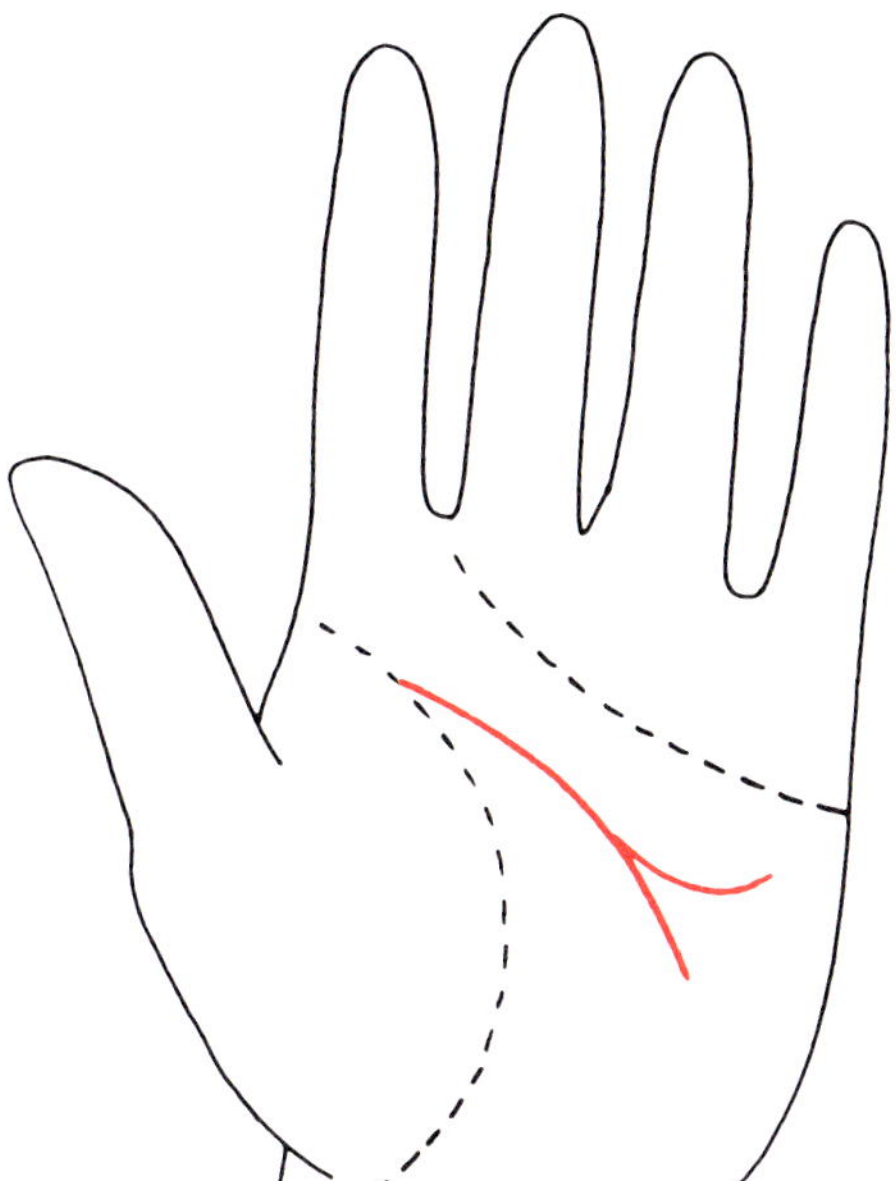

世界を飛びまわる二重生活線と旅行線

生命線の末端が枝分かれして月丘のほうに向かっている人は、とても行動的。ずっと机に座ったままのデスクワークには絶対に向きません。あちこちと行動範囲を広げ、忙しく飛びまわっているほうが、生きいきする人です。営業や、出張が多い仕事を選ぶといいでしょう。

あまり暇にしていると、体がくさってしまい、ついでに運もくさってしまいます。運を発展させるには、とにかく行動すること。

どこに行っても、すぐにその場所になじみます。ホームシックなんて無縁。一度故郷を出たら二度と帰ってこないタイプで、あまり生まれた家などにも執着しないんですね。

さらに、生命線の末端が二重になっている人は、家をふたつ持つ人です。

海外にも拠点を持って、日本と両方で生活をするようになるかもしれません。

この線がある人は、ぜひ、英語くらいはしゃべれるように勉強しておきたいものです。

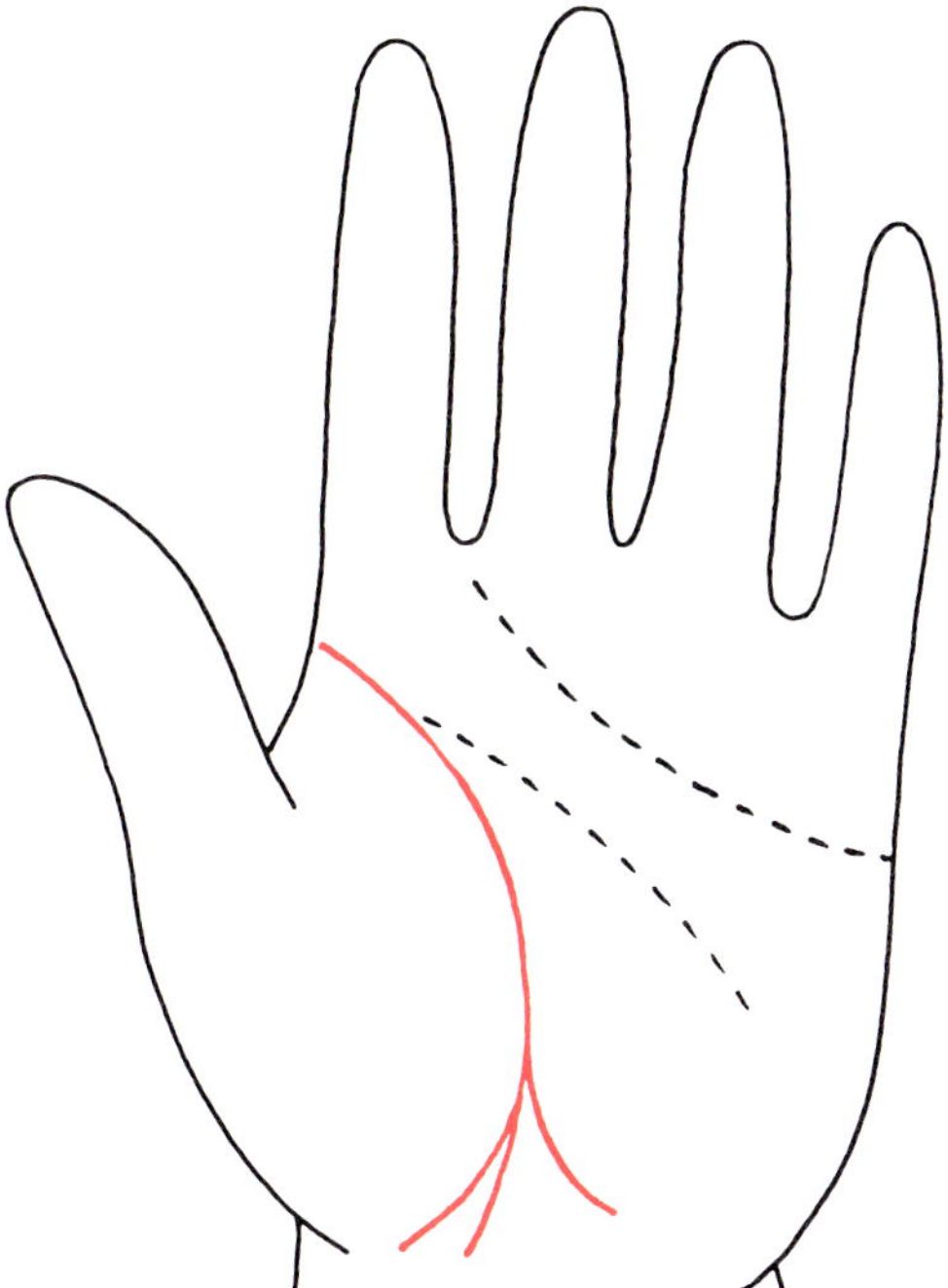

繊細な性格か、おおざっぱな性格か？

手相を見ていると、たくさんいろいろな線が細かく刻まれている人もいれば、主要な三本線くらいですっきりしている人もいます。

手相は心のままを表すのですから、たくさんのシワが刻まれる人は、心にいろいろなことを感じやすい人。つまり、とてもデリケートなんですね。

まじめだし、人の気持ちに敏感でよく気がつくのはいいのですが、ちょっと傷つきやすいのが難点です。神経質な感じの人もいます。

シワの少ない人は、おおらかな人、あれこれ細かいことは気にしません。くよくよ落ち込むタイプではないのでパワーはあるのですが、細かいところに心配りができないのでうっかりミスをしたり、だまされやすいところがあります。

手の大きさでいうと、体に比べて手の大きい人は、繊細、慎重、まじめタイプ。手の小さい人は、大胆、目立ちたがりや、エネルギッシュタイプ。

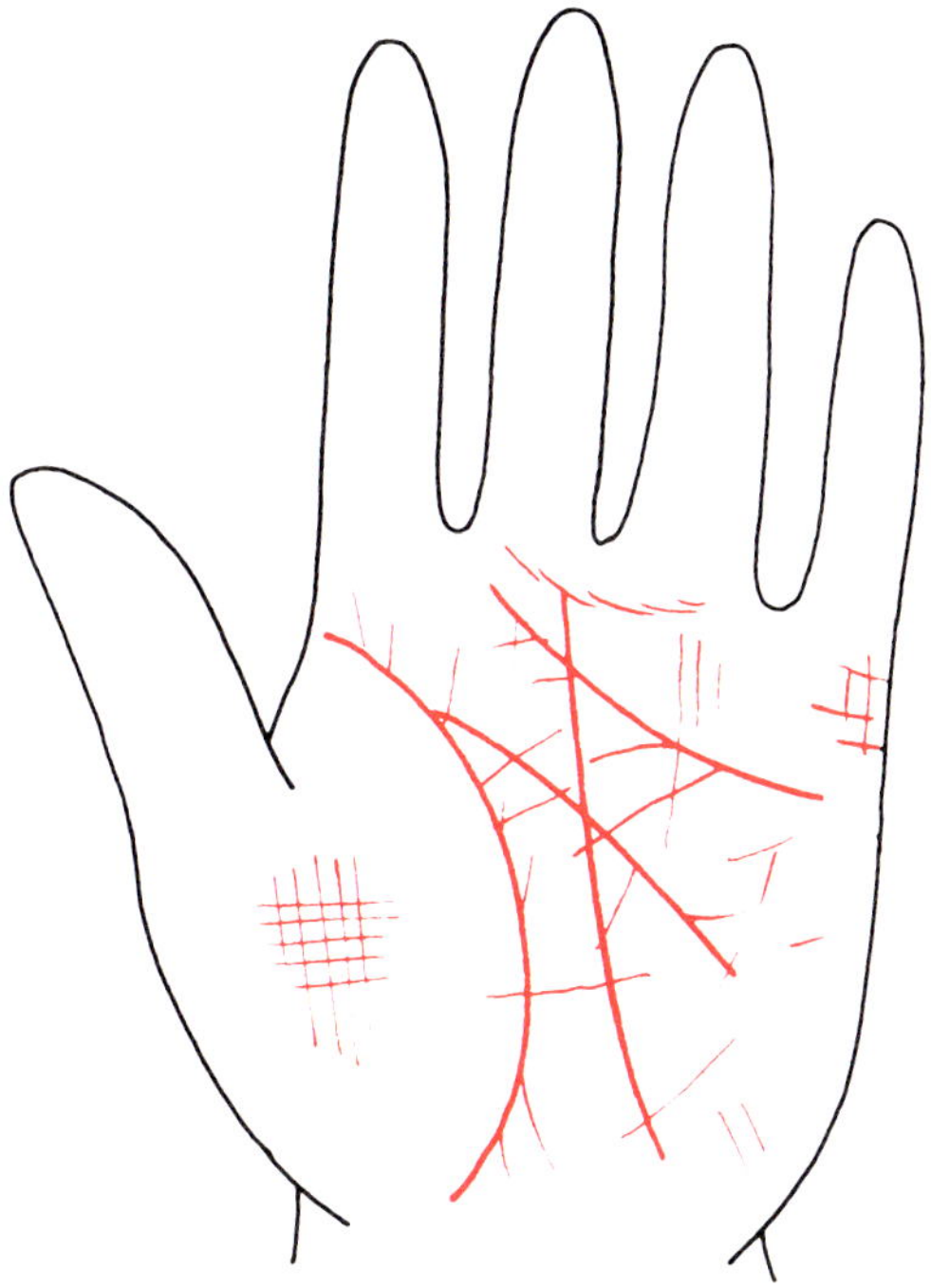

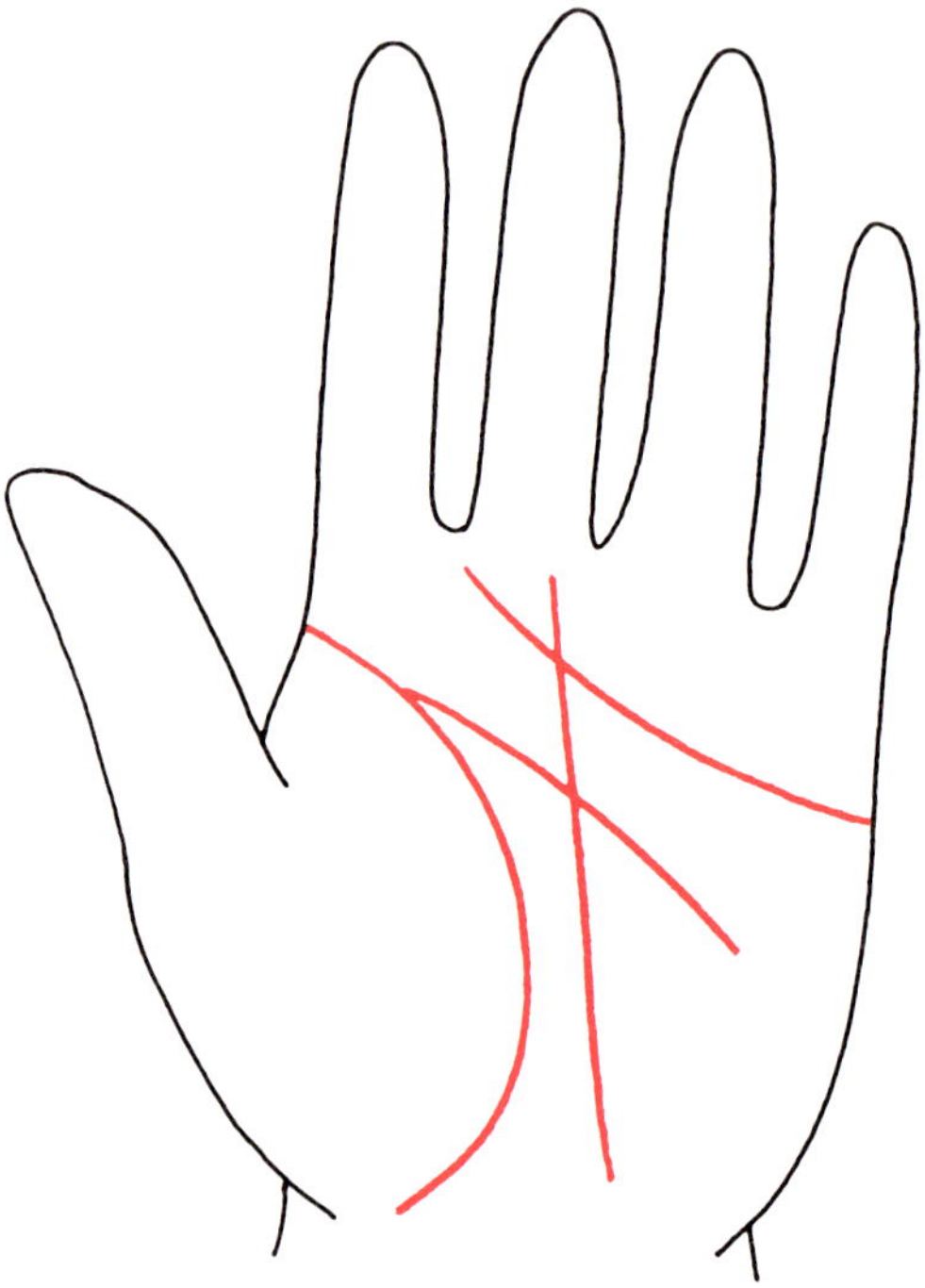

指の長さでは、長い人は繊細、神経質、ロマンチックタイプ。短い人は現実的、活動的な人。

あなたはどちらのタイプでしょうか。仕事では、簡単に分ければ、大胆タイプの人はリーダー向きで、繊細タイプの人は、補佐役向きでしょう。自分の個性を知って仕事に生かしてください。

金星帯は感性の鋭い人

人差指と中指の間から、薬指と小指の間にかけてつながった線を、金星帯と呼びます。この線がある人は、とても感性が鋭く、センスのいい人です。恋愛も大好き。感情線は心の世界を表しますが、この金星帯は、魂の世界を表すんですね。つまり、もっと微妙で高級な世界をキャッチする線だと考えてください。

もちろん、今はない人も、感性を磨いていけば金星帯が出てきます。

一本か二本、はっきり入っている人は、この線のいい意味を持っています。けれども、切れぎれの金星帯だったら、少し意志が弱く、ただ単に恋愛好きな人になっているかもしれません。

どんな仕事でも、感性を生かしていくのはとても大切ですが、この線をはっきり持っている人は、特に芸術的な分野の仕事をするといいでしょう。ぜひ、あなたの感受性でキャッチした美しい世界を、この現実世界で表現してください。

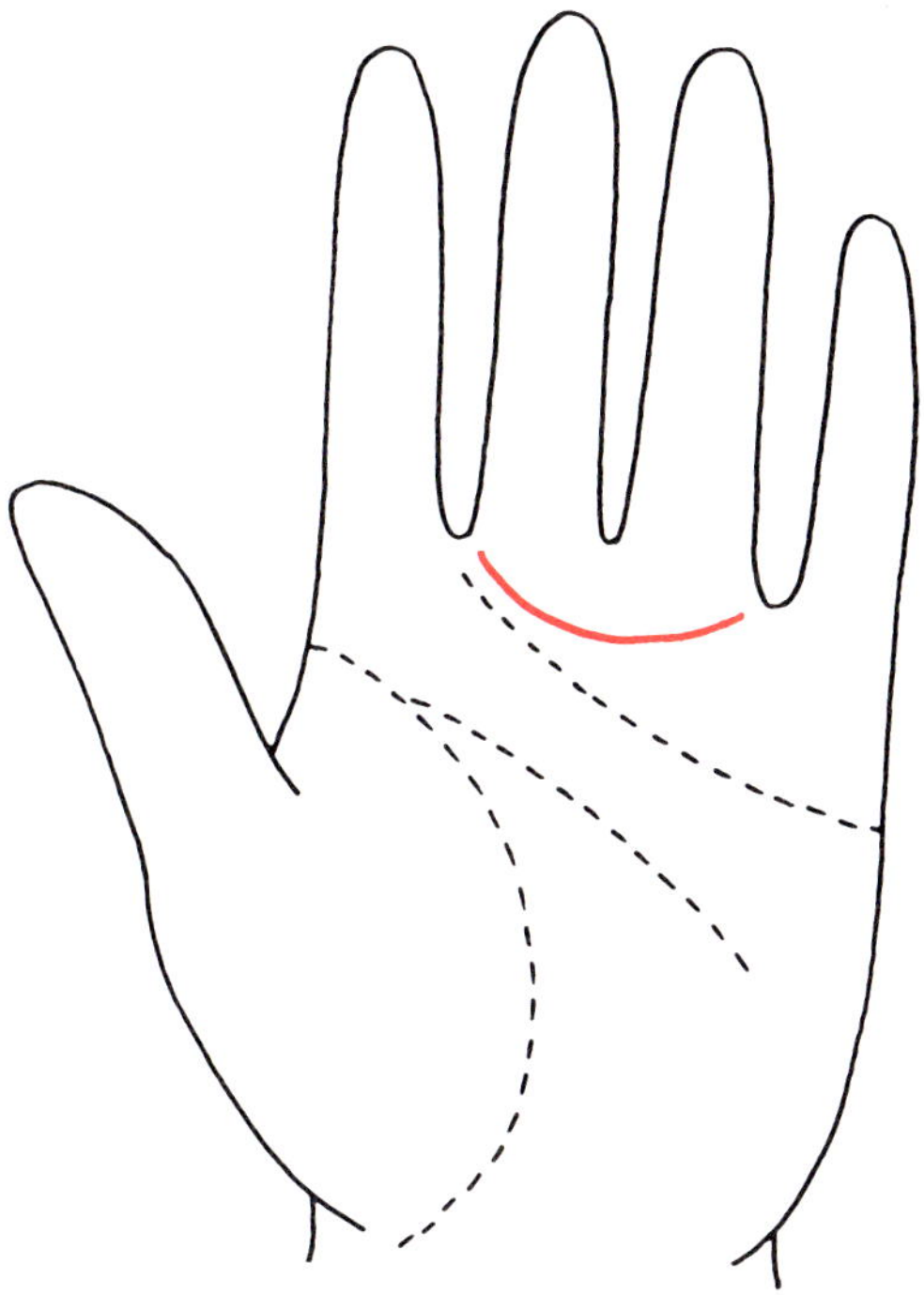

神秘十字形は超能力者!?

感情線と知能線を結ぶ横線と運命線が交差して、十字になっている人はいませんか？これは神秘十字形と呼ばれます。

超能力やＵＦＯなどの目に見えない世界を信じている人や信仰心を持つ人などに、よく見られます。

中には、超能力を持っている人もいます。ふと感じたことがよく当たるとか、予知夢を見るとか、直感力のすぐれた人ですね。

例えば、胸さわぎがして予定を変更したり、あるいは、間に合わなかったためにその乗り物に乗れなくて事故を免がれた、などというラッキーな人です。

こういう人は素晴らしい守護霊に守られているので、どんな仕事についても持ち前の感の良さを発揮して、しっかりとやりとげていけるでしょう。心強いですね。

ぜひとも欲しい、人気の神秘十字形です。

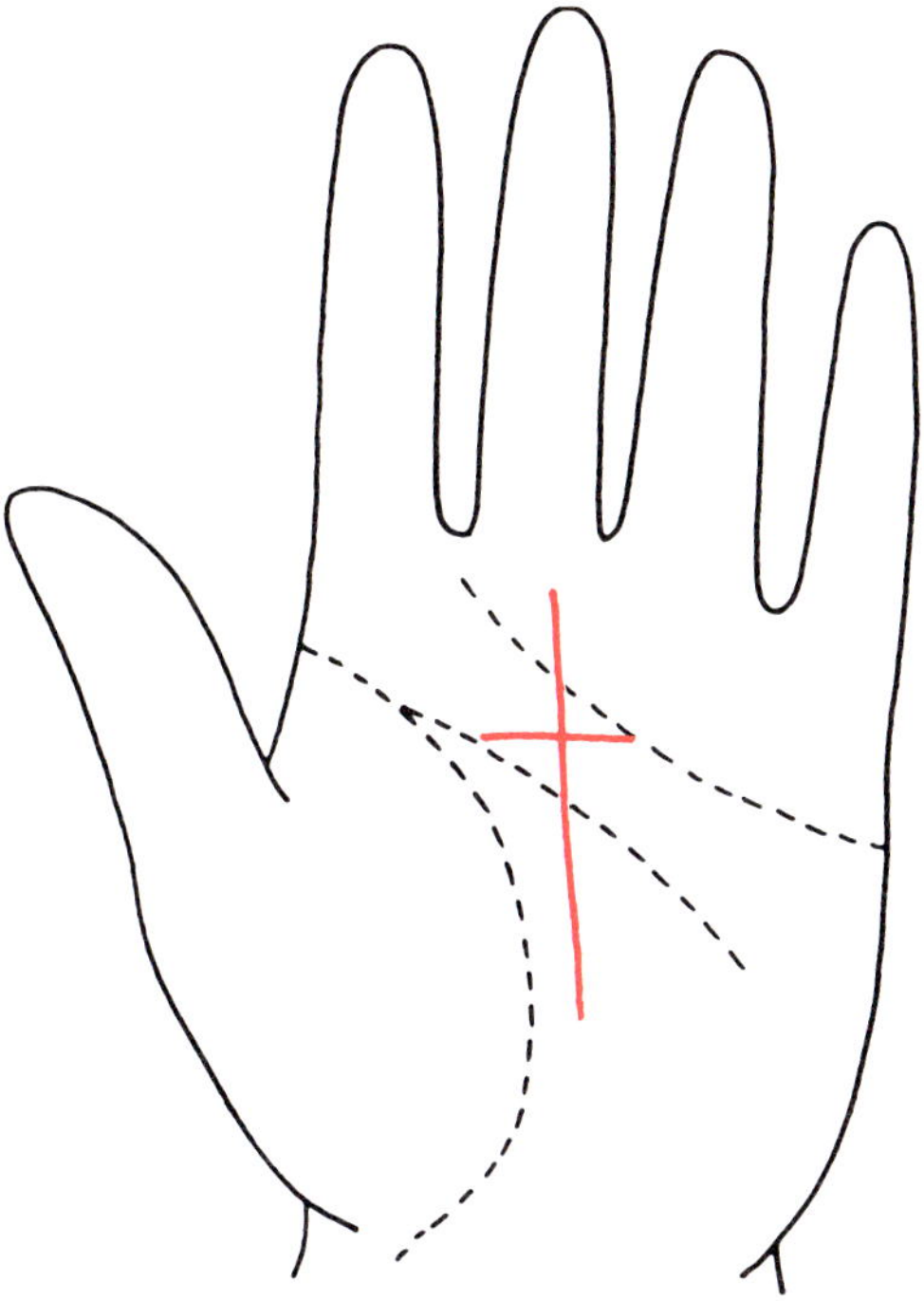

手相で適職がわかる

人気商売タイプ……女優・アイドルタレント

チェック！ 月丘から上る運命線か太陽線があるか？

どんな世界でも成功するには、運命線や太陽線があれば百人力。特に、タレントのような人気商売は、人に好かれ、人の引立てを受けなければやっていけませんよね？

月丘からの太陽線は、まさに人気、成功、名声を表しています。この線がある人は、タレントを目指すのも夢じゃない！

チェック！ 情熱家タイプの、乱れた感情線を持っているか？

演技するときに、涙を流したり、怒ったり、感情を豊かに表現できるほど、素晴らしい女優さん。感情線は乱れていて、熱しやすく、ちょっとでも悲しいことを思い出したらすぐボロボロ涙がこぼれてしまうような、感じやすいタイプが最適。

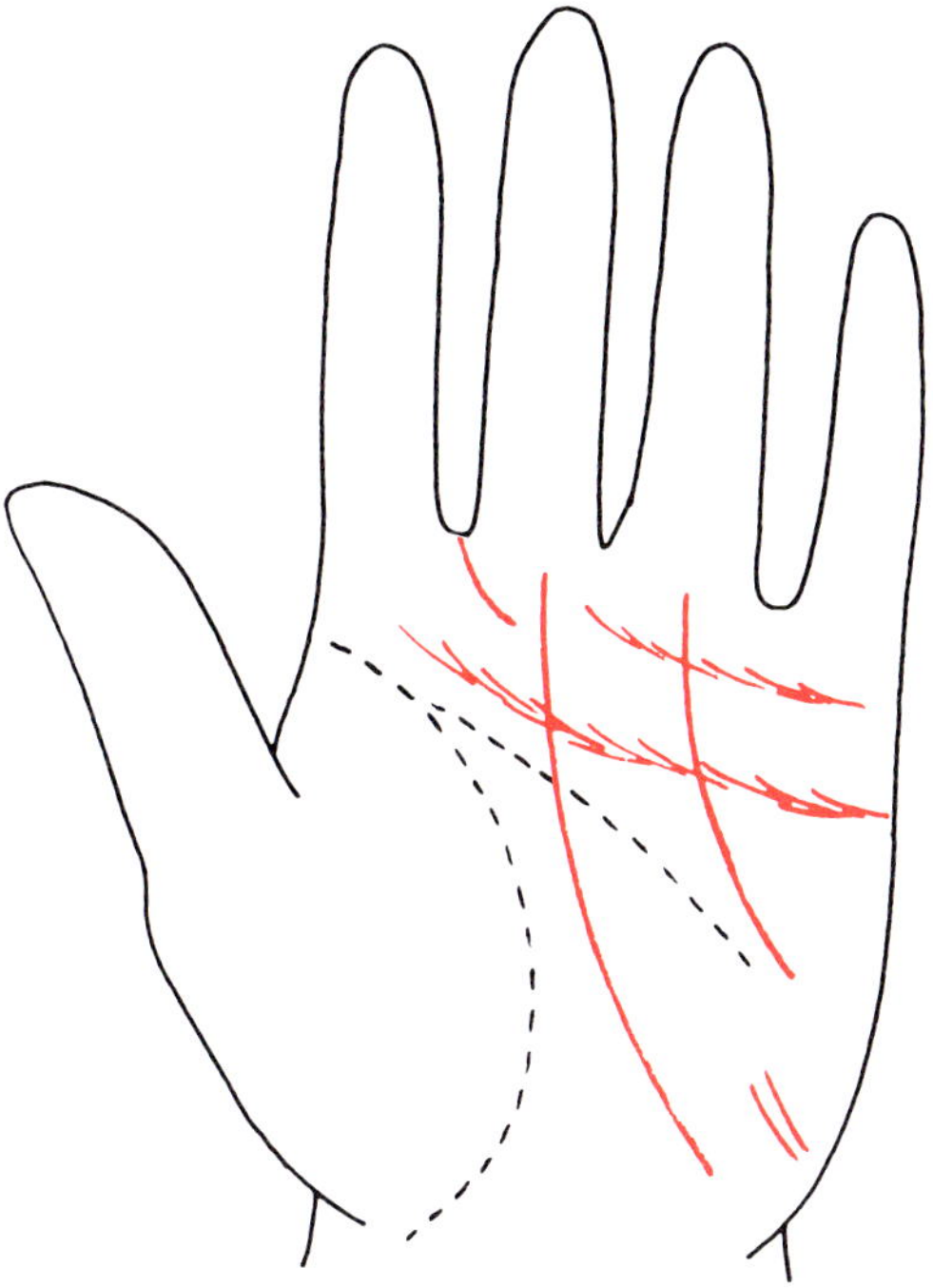

チェック！ 二重感情線はあるか？

感情が二倍ある、二本の感情線も女優向きでしょう。いろいろな人を演じわけられますよ。意志も強く、へこたれないタイプですから、芸能界を生き残っていくでしょう。

チェック！ タレント線はあるか？

人差指と中指の間に出る線。どんなに才能や魅力のある人でも、それを表現出来なければ、宝の持ちぐされになってしまいます。自己アピール力が大切。

芸術家タイプ……ミュージシャン、アーチスト

チェック！ 金星帯はあるか？

感情線の上にある金星帯は、感性の鋭い人に出る線です。いわゆる「インスピレーション」というやつですね。

ピピッとインスピレーションを受けて、音楽を作詞作曲してしまったり、すばらしい絵を描いたり、そんな才能に恵まれています。

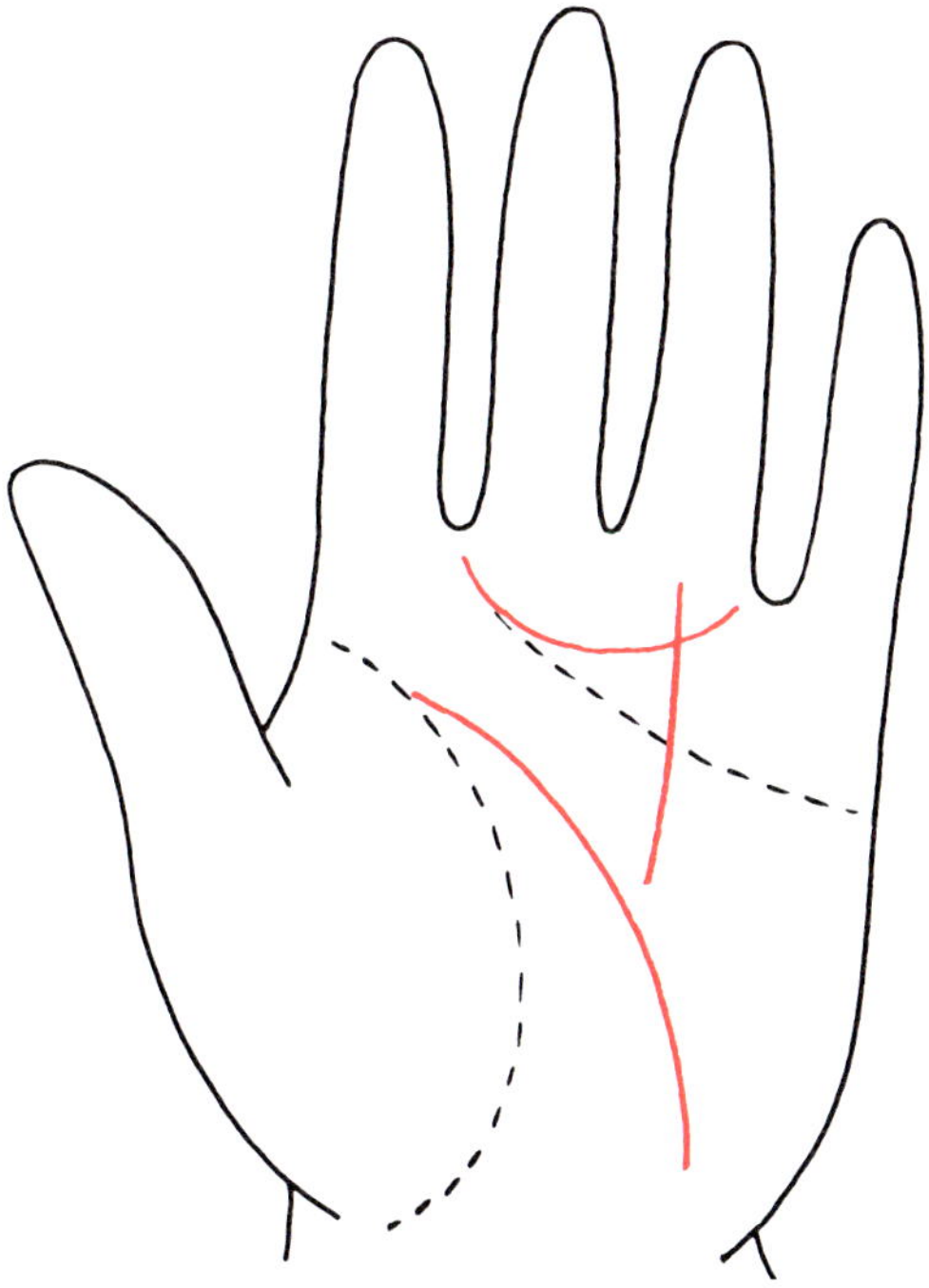

ただし、この金星帯が切れぎれだと、意志薄弱傾向があります。ちゃんとひとつのことをやりとげるようにすると、あなたの感性が生かされてきますよ。

チェック！ 知能線が月丘のほうに下がっているか？

知能線がグーンと下のほうへ下がっている人は、想像力豊かな人。ちょっとしたことからでも、さまざまにイメージを広げていく才能があるんです。

電車の中でも、オフィスのちょっとした休み時間にも、ボーッと空想を繰り広げているのではありませんか？

そのイメージを上手に表現できれば、すばらしいアーチストになれるでしょう。

チェック！ 太陽線はあるか？

いくら芸術の才能があっても、趣味でやっているぶんにはともかく、プロとしてやっていくには、それでお金を得られなければなりません。やはり、しっかりした太陽線が必要ですね。

営業タイプ……営業・販売

チェック！　知能線と生命線の出発点が離れているか？

知能線と生命線が離れて始まっている人は、大胆、行動的な人。考えているよりまずやってみる、という実行力があります。

チェック！　生命線の先が外に流れているか？

どんどん行動するタイプですから外まわりの営業など、とにかく、一カ所にじっとしていないような仕事が向いています。

チェック！　知能線は短めか？

あまり考え込まず、パッ、パッとひらめきで行動できるのが、知能線の短い人ですね。何かトラブルがあったとき、すぐに決断して行動できるのがいいところ。やはり、デスクワークをしているより、外へ出ていくのが向いている性格です。

チェック！　財運線はあるか？

小指の下に出る縦線は、金銭運を表すとともに、弁舌線とも呼ばれています。

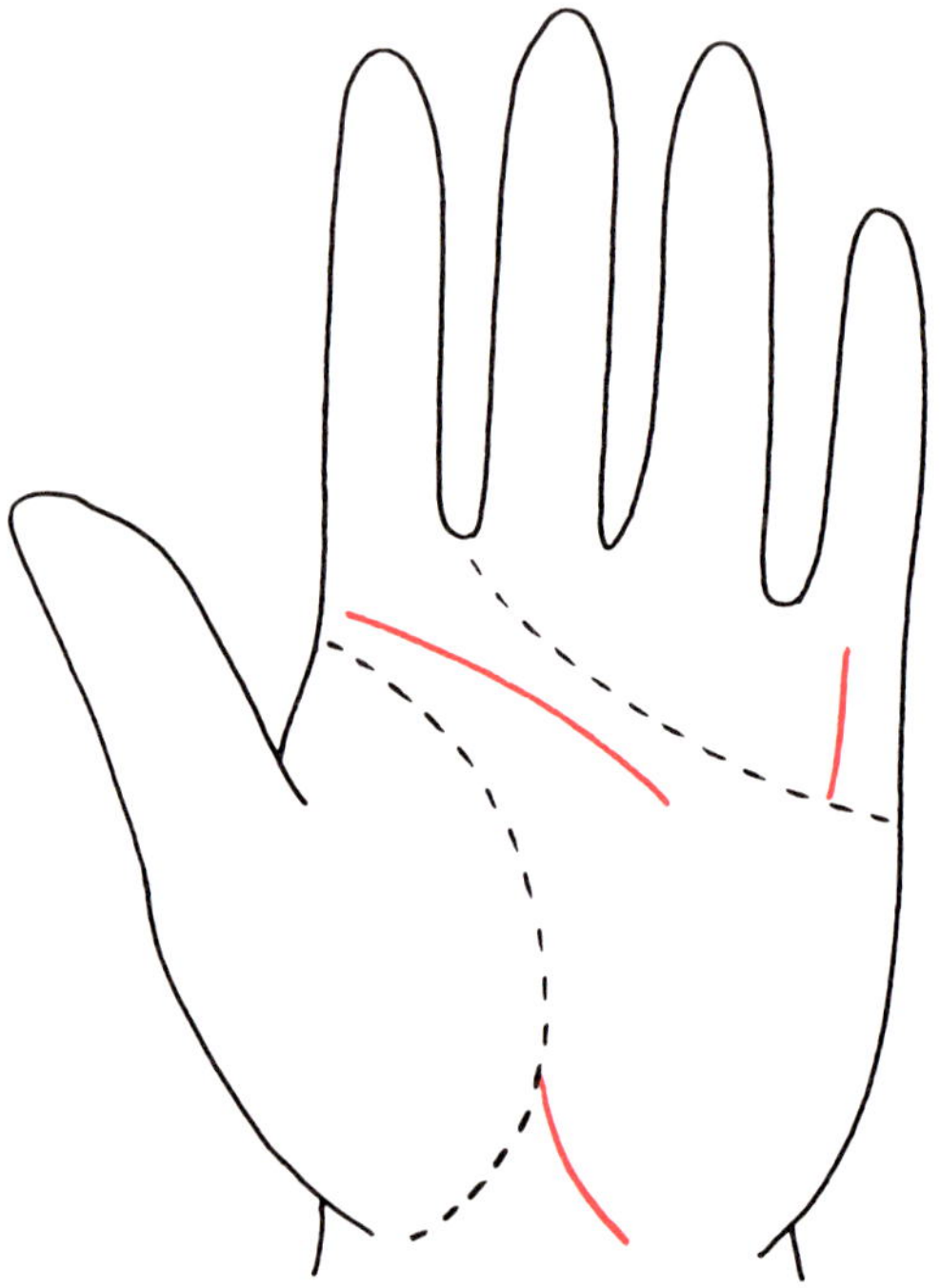

口が上手で、お世辞も上手。人を説得するテクニックが抜群です。営業で成績を伸ばそうという人には、ぜひ欲しい線ですよね。

小指の下の水星丘が盛りあがっているのも同じような意味がありますよ。

国際タイプ……ツアーコンダクター・キャビンアテンダント・通訳

チェック! 生命線の先端がふたまたに分かれているか?

生命線の先端がふたまたに分かれて、月丘の方に向かっているのは、旅行線といって、忙しい人に出る線です。

あまり旅行をしない人が、海外旅行に行くときなどにも出ますが、ずっとこの線が出ている人は、出張が多かったり、あちこち飛び回る職業に向いていますね。

チェック! 先端がふたまたに分かれて、生命線に二重に寄りそっている人は、住居をふたつ持つ人。

東京と大阪、日本とニューヨーク、というふうに、ふたつの拠点を持って活躍します。

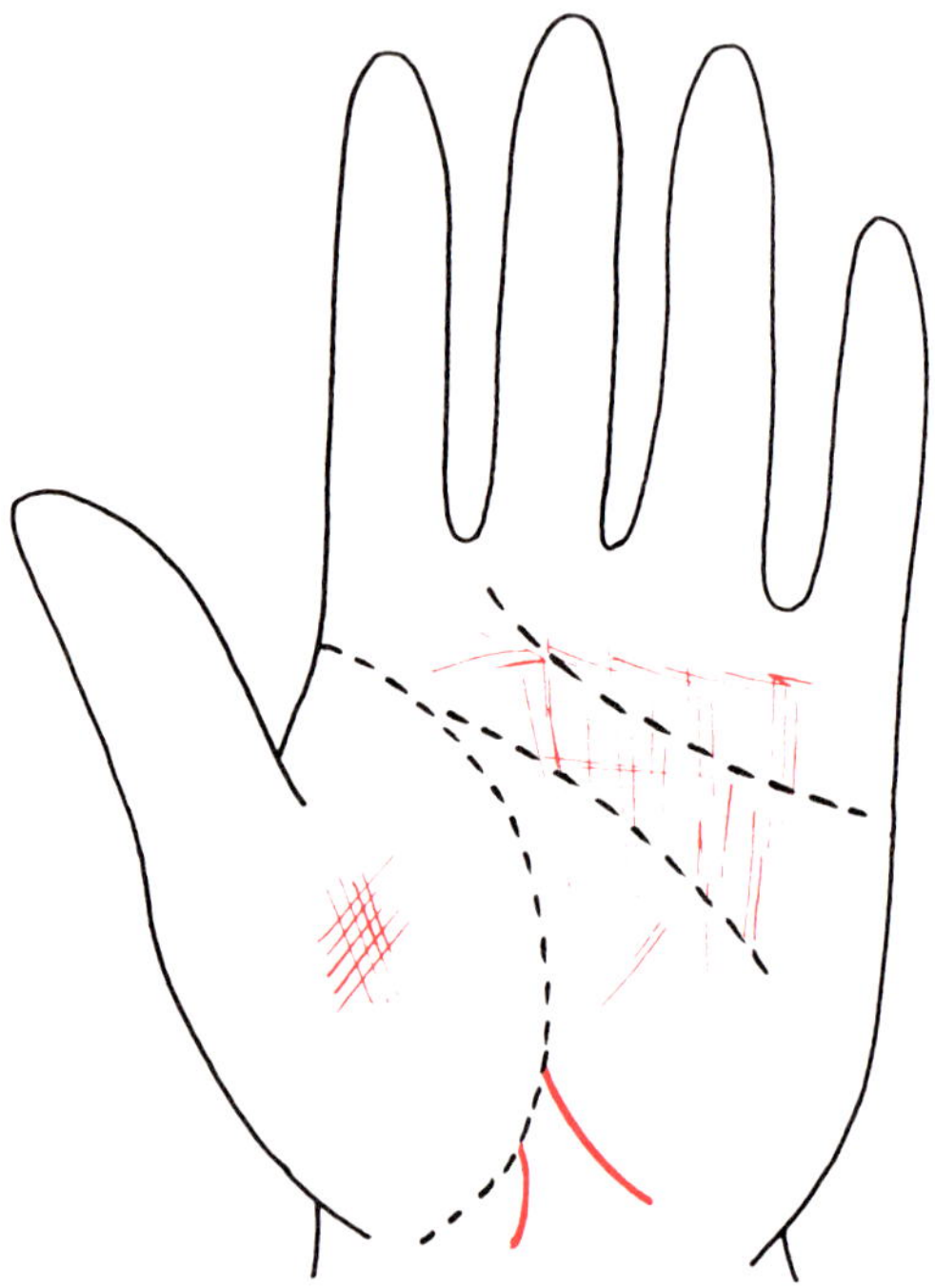

国際的な仕事につくといいでしょう。

チェック！　手のひらに細かい線が多いか？

ツアーコンダクターやアテンダントは、人のお世話もしなければなりません。お客様の誰がどんな要求をしているか、細かい心配りが必要なんですね。

そんな気配りができるのは、手のひらに細かいシワの多い、繊細なタイプです。

ビジネス実務タイプ……事務・経理・経営

チェック！　知能線は横にまっすぐ走っているか？

知能線が下にさがるほど、空想とロマンの世界に近くなっていきます。横に走るほど、現実的世界。

ですから、真横に走った知能線は、現実的、物質的で、金銭感覚抜群。ソロバンはじけば日本一！　という人ですね。

数字に強いですから、経理や事務、銀行業務などをやったら、一円の狂いもなく、きちんとやれるタイプです。

チェック！ 知能線の先端がふたまたに分かれて、小指のほうへ跳ねあがっているか？

この相を持った人も、金銭感覚がすばらしいですね。経理をまかされたら、あっという間に無駄を省いて切りつめ、黒字を増やしてしまうでしょう。

会社の経理をやっているのもいいですが、むしろ自分で経営に乗り出すのも手です。きっと、どんどん発展して、大繁盛するはずですよ。

チェック！ 向上線はあるか？

けれども、やっぱり独立するには、それなりの決意が必要ですよね。生命線から人差指のほうに上る向上線はありますか？

この線があれば、あなたは努力家ですから、どんな状況でもあきらめずにがんばっていけるでしょう。

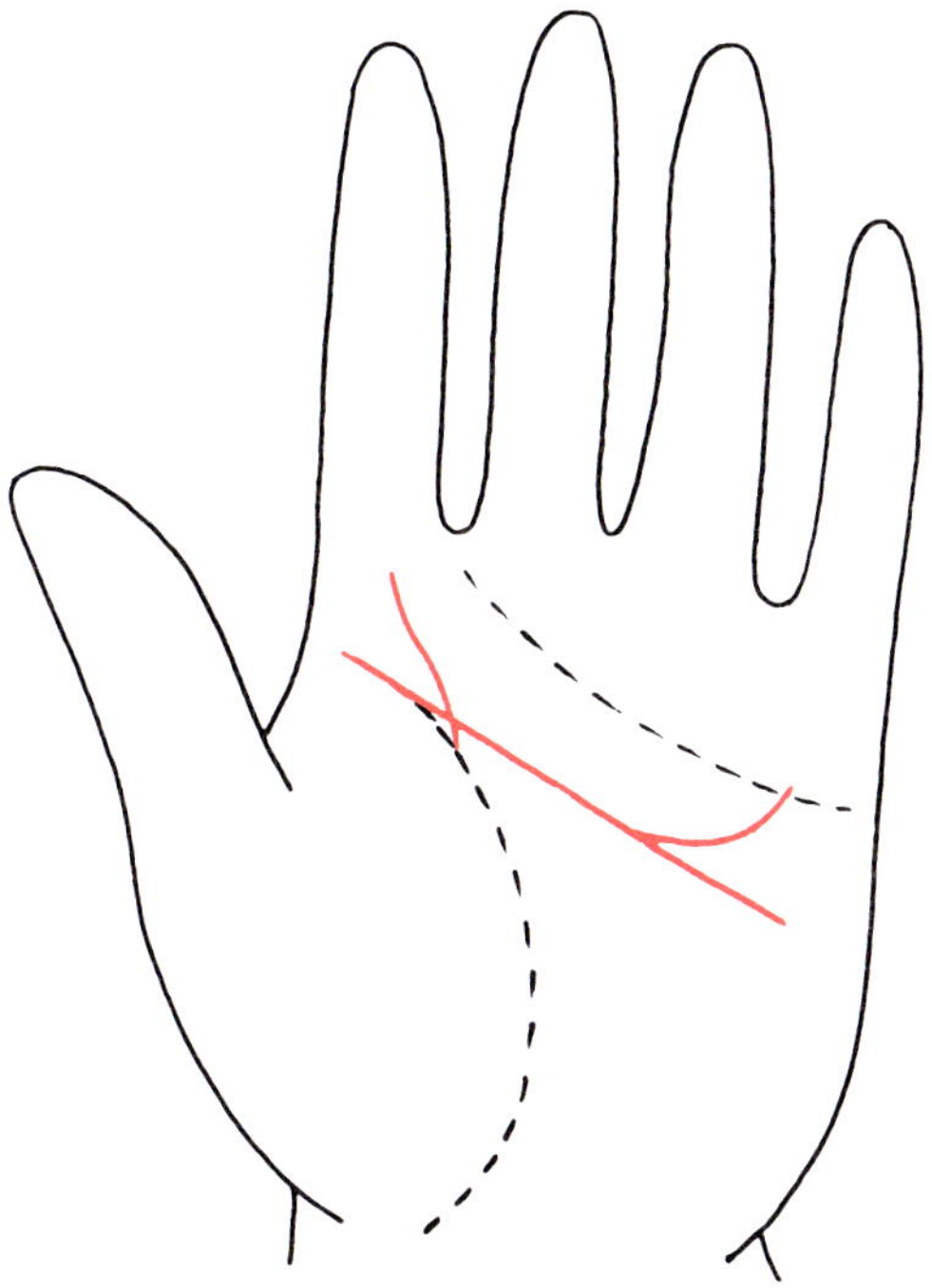

学者タイプ……大学教授・法律家・役人

チェック！　知能線は長いか？

知能線の長い人はじっくり考えるタイプで、頭を使うことが得意な人です。コツコツと研究をしたり、机に座ってずっと勉強したり、そういうことが苦にならないんですね。

手相の鑑定にいらっしゃる方の中でも、「司法試験を受ける」なんていう方が、よくこの長い知能線を持っていて、納得します。

ぜひ、その考え深い頭を生かせるような学問の道や研究、デスクワークにつくといいでしょう。

あちこち動き回って、テンポの速い仕事では、あなたはストレスをためるだけです。

チェック！　手のひらに細かいシワが多いか？

手のひらに細かいシワが多い人は繊細で神経質なタイプ。

やはり、あまりすっきりはっきり何も考えていないような手相では、学者には向いて

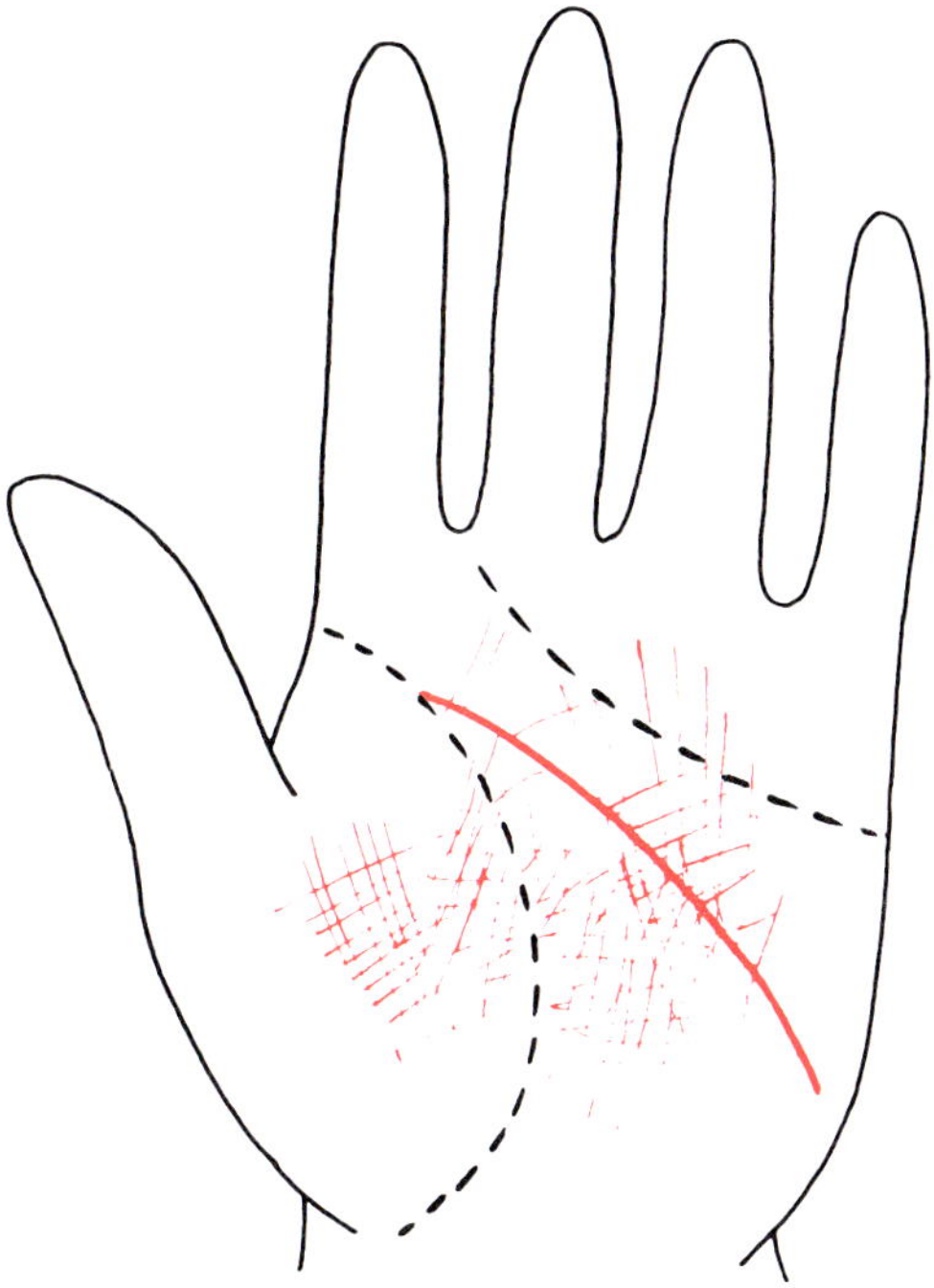

いません。
ああでもない、こうでもないと考えたり、迷ったりしながら研究が進んでいくというものでしょう。

運動タイプ……スポーツインストラクター

チェック！ 三本線がくっきり刻まれているか？

生命線、知能線、感情線の三本がすっきりと乱れなく刻まれていて、あまり細かいシワがない。こんな手相は、よけいなことを考えない、気にしない人です。
頭を使う職業より、スポーツマンタイプ。水泳やエアロビクスのインストラクターなどが向いていますよ。

チェック！ 生命線はよく張り出しているか？

生命線が手のひらの中央の方へ張り出して、カーブが大きい人ほど、体力、精力があります。

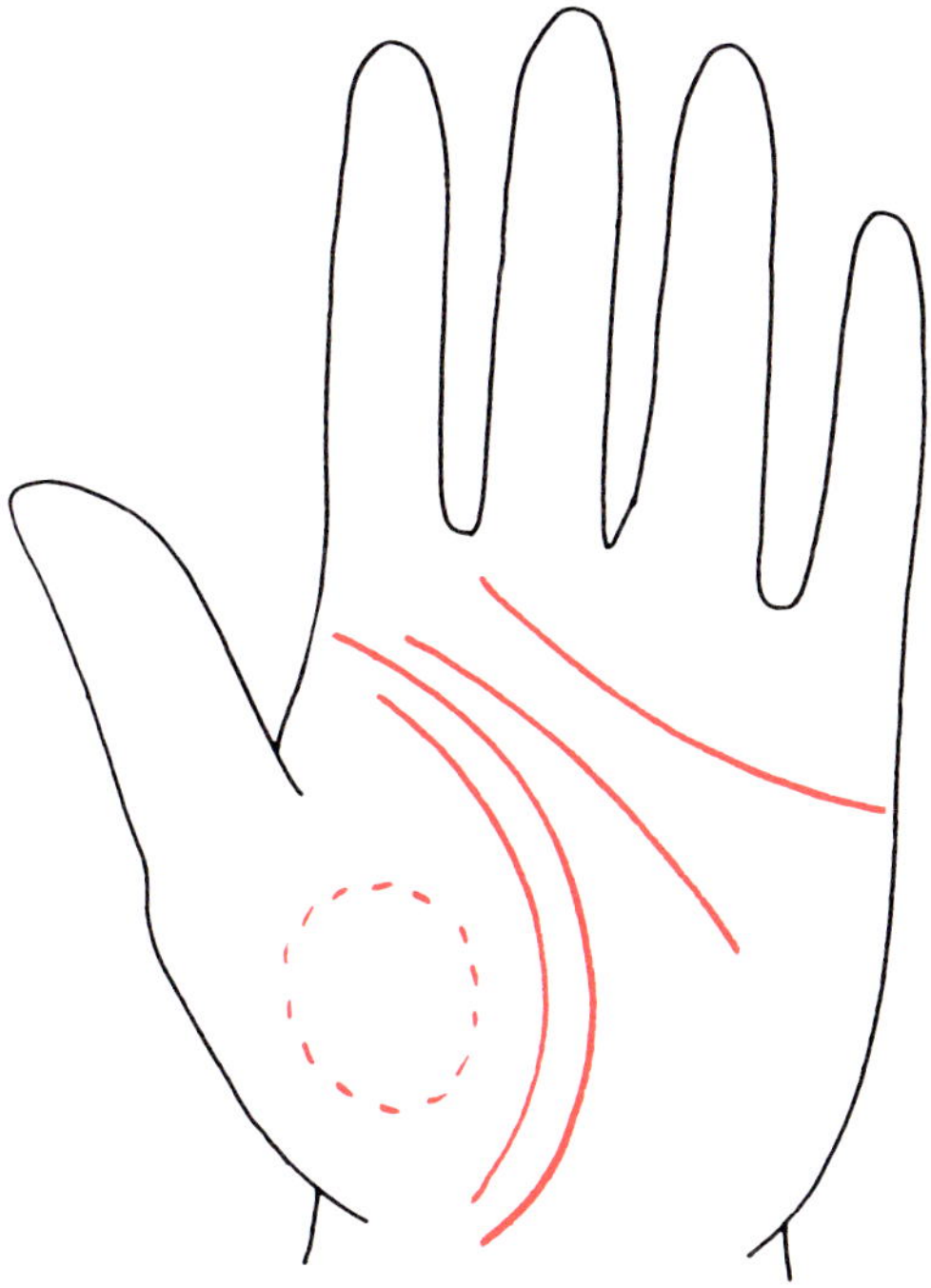

スポーツを職業にするなら、まず体力が第一。こんな生命線を持った人なら安心ですね。

チェック！ 二重生命線はあるか？

生命線が二本ある、二重生命線の人なら、さらに体力的にすぐれています。ちょっとやそっとでは病気しません。たとえ病気になったとしてもすぐ回復する、すごい生命力の持ち主。

その体力、もちろん何にでも生かせますが、スポーツ選手にはもってこいでしょう。

チェック！ 金星丘は盛り上がっているか？

親指のつけ根の金星丘。ここも体力を見ます。豊かに盛り上がっている人は、パワーがあります。例えば、毎日エアロビクスをして、ますます元気いっぱい！　といった感じです。

霊感タイプ……占い師、尼さん

チェック！　神秘十字はあるか？

手のひらの中央、感情線と知能線を結ぶ横の線と、縦の運命線がクロスした線です。

この相を持っている人は、目に見えないものを信じる人。信仰心があつい人が多く、守護霊にも、強く守られています。

超能力など、神秘的なパワーを持つ人もいますので、占い師になって人の運命をみてあげるとか、尼さんやシスターなど宗教家にも向いています。

チェック！　知能線は月丘に下がっているか？

知能線が月丘のほうへグッと下がっているのは、やはり霊感タイプです。

普通の人には見えないようなものが見えてしまうので、見える世界が広くて楽しいのですが、ちょっと危ない場合もあります。

霊の世界にとりつかれないように注意しながら、現実の世界に役立ててください。

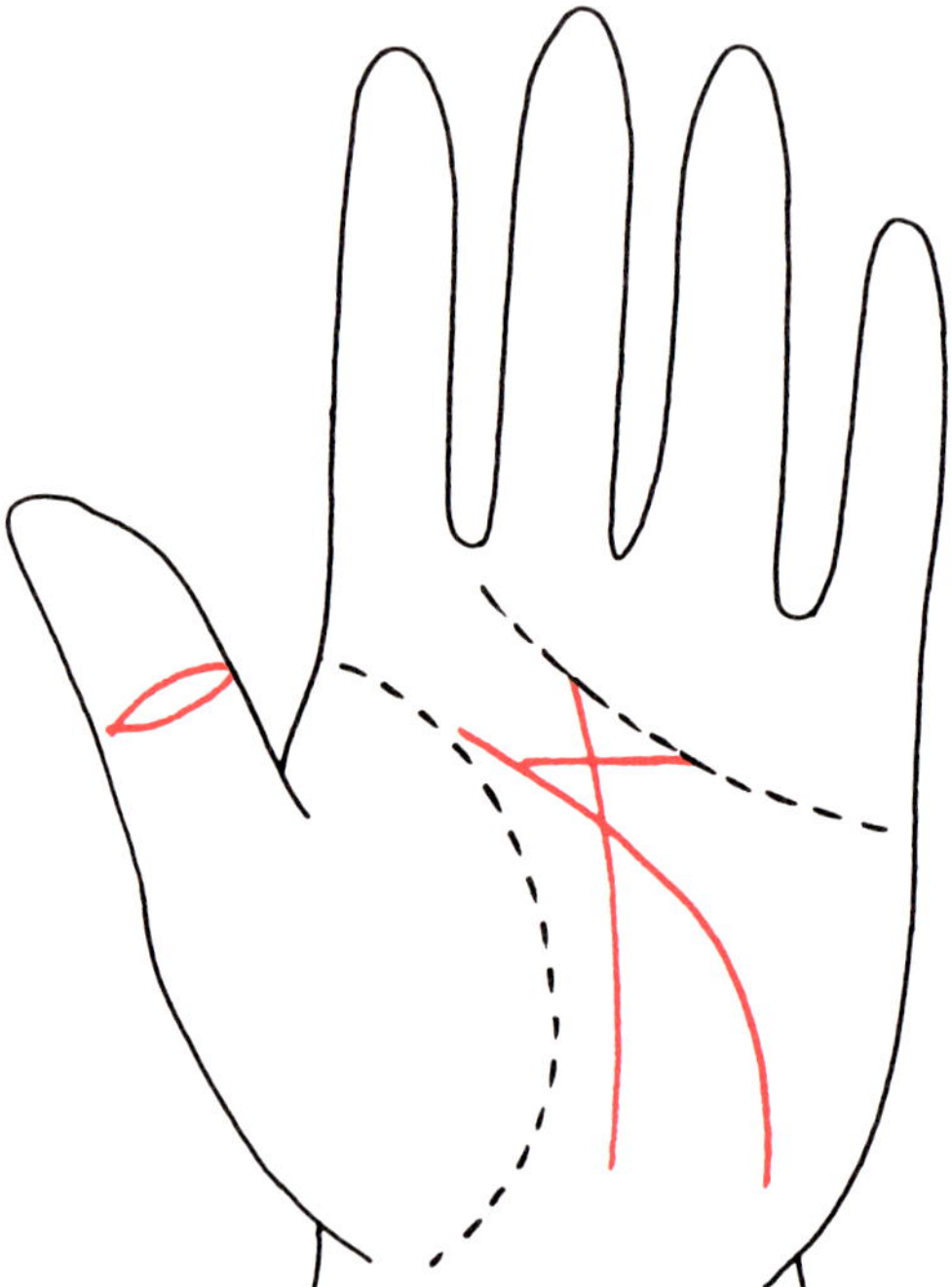

チェック！　仏眼《ぶつがん》はあるか？

親指の第一関節のスジが目の形の相になっている人は第六感などの勘が鋭く、霊能者の素質十分です。

お世話タイプ……看護師、保母さん

チェック！　感情線の先端が下向きになっているか？

感情線の先が下を向いている人は、愛情深くて、とってもやさしい人。思いやりがあって、いつも人のことを考えられる人なんですね。

看護師さんや保母さんなど、人のお世話をする仕事にはぴったりです。

感情線が上を向いている人でも、下向きの支線が何本かあれば、同じような意味を持ちます。

チェック！　感情線の先端が人差指と中指の間に入っているか？

感情線の先が長く伸びて、人差指と中指の間に入っている人は、尽くし型の人です。

感情的には安定していて、よく他人の面倒を見る人なので、やはり看護師さんや保母さんには向いているでしょう。

チェック！　金星丘に、縦横の線がたくさん入っているか？

親指のつけ根の金星丘に、縦横の格子状に線がたくさん入っている人は、愛情豊かで、それを表現するのも上手な人です。もちろん、みんなにも好かれます。

子供や患者さんを相手にしても、きっとニコニコ、やさしい言葉をかけてあげられるはずです。

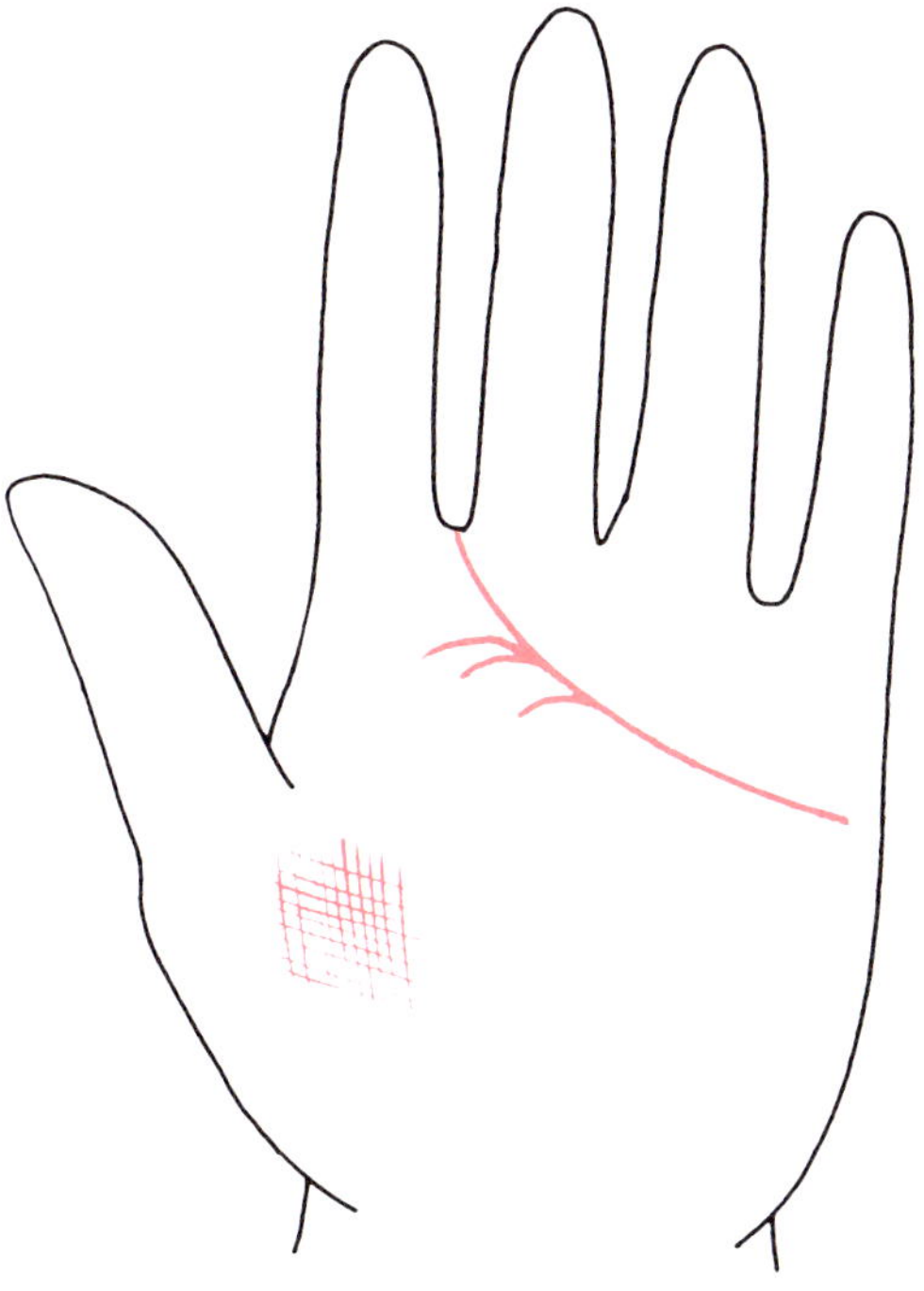

おわりに

これで、ひと通り手相の説明は終わりです。

あなたの手相は、いかがでしたか？

小さな手のひらに、実にたくさんの〝丘〟や〝線〟があって驚かれたでしょう？

そして、それらの意味をパズルを解くように一つずつ、ていねいに読んでゆくだけで、あなた自身のことが手にとるように明解に、わかってしまうのです。

過去、現在、未来はもちろんのこと、心の中の動きだってすっかり見えてしまいます。

考えてみると、手相は身体の一部分ですから、私たちは、自分自身でちゃんと、人生のプログラムを持って生まれて来ているのです。長い人生を、迷子にならないように、と配慮されているのかもしれませんね。

将来に対して不安を感じたりするのは、先が見えないからでしょう？

どうしたら良いのかわからないから、焦ったり、イライラしたりもするんです。

要するに、将来のことが読めればいいわけです。

もしも、現在はうまくいっていなくても、「2年後に開運線が出ていて、きっとすばらしいことがある」とわかれば、現在の辛さを乗り越えてがんばってゆけるでしょう。

手相は占星術のホロスコープのようなものですね。

この読み方さえマスターすれば、いつでもどこでも、決して消えることのない手のひらのホロスコープがあなたの人生を教えてくれています。

この本をせっかく手にとってくださったのだから、ぜひ、活用してくださいね。

また、本の中であなたが欲しいと思った太陽線や財運線などのハッピーな線が、今はなくてもがっかりしないで大丈夫。

これから目標に向かって、おおいにがんばってゆけば、少しずつそうした良い線が出てきますから。

どうぞ、希望を持って楽しみにしていてください。

最後までおつきあいいただいて、ありがとうございました。

伊藤洋子（いとうようこ）

東京都生まれ。明治学院大学文学部英文学科卒業。双子座。A型。TVコマーシャル、雑誌などのモデルの仕事をする傍ら、幼少の頃より惹かれていた占いの世界の勉強を続ける。雑誌『MORE』『JUNON』などへの執筆多数。TV「笑っていいとも」顔顔ランキングコーナーに出演で話題に。著書に『恋愛必勝人相手相術』『恋愛運上昇さらに上昇！』（ともにたちばな出版）などがある。

ネコでもわかる手相術

定価はカバーに記載しています。
平成14年11月28日　初　版第１刷発行
平成23年６月９日　第２版第１刷発行

著　者　伊藤洋子
発行者　笹　節子
発行所　株式会社　たちばな出版
〒167-0053 東京都杉並区西荻南2-20-9　たちばな出版ビル
電話　03(5941)2341　FAX　03(5941)2348
ホームページ　http://www.tachibana-inc.co.jp/

印刷・製本　株式会社 太平印刷社

ISBN4-8133-1628-X

本書は平成五年に弊社より発刊の『伊藤洋子の奇跡の手相術』を改訂したものです。